Ensinando Inteligência

COLEÇÃO NEUROAPRENDIZAGEM

Aprendendo Inteligência
Estimulando Inteligência
Ensinando Inteligência
Inteligência em Concursos

Prof. Pier (Pierluigi Piazzi)

Ensinando Inteligência

2ª edição
6ª reimpressão

goya

ENSINANDO INTELIGÊNCIA

COPIDESQUE:
Isabela Talarico

REVISÃO:
Entrelinhas Editorial

CAPA:
Desenho Editorial

ILUSTRAÇÃO DE MIOLO:
Alan Carvalho

ILUSTRAÇÃO DE CAPA:
Voisin Design

PROJETO GRÁFICO E DIAGRAMAÇÃO:
Sergio Rossi

DIREÇÃO EXECUTIVA:
Betty Fromer

DIREÇÃO EDITORIAL:
Adriano Fromer Piazzi

EDITORIAL:
Daniel Lameira
Tiago Lyra
Andréa Bergamaschi
Débora Dutra Vieira
Luiza Araujo
Renato Ritto*
Bárbara Prince*
Mateus Duque Erthal*
Katharina Cotrim*
Janaina Lira*

COMUNICAÇÃO:
Thiago Rodrigues Alves
Fernando Barone
Júlia Forbes

COMERCIAL:
Giovani das Graças
Lidiana Pessoa
Roberta Saraiva
Gustavo Mendonça

FINANCEIRO:
Roberta Martins
Sandro Hannes

*Equipe original à época do lançamento.

goya
É UM SELO DA EDITORA ALEPH LTDA.

Rua Tabapuã, 81, conj. 134
04533-010 – São Paulo – SP – Brasil
Tel.: [55 11] 3743-3202
Fax.: [55 11] 3743-3262
www.editoraaleph.com.br

DADOS INTERNACIONAIS DE CATALOGAÇÃO NA PUBLICAÇÃO (CIP)
(CÂMARA BRASILEIRA DO LIVRO, SP, BRASIL)

Piazzi, Pierluigi
Ensinando inteligência / Pierluigi Piazzi. --2. ed. -- São Paulo :
Aleph, 2014.
(Coleção neuroaprendizagem ; v. 3)
Bibliografia.

ISBN 978-85-7657-207-7

1. Autodesenvolvimento 2. Educação 3. Ensino 4. Inteligência
5. Neurologia 5. Pedagogia I. Título. II. Série.

09-06161 CDD-370.152

ÍNDICES PARA CATÁLOGO SISTEMÁTICO:
1. Autodesenvolvimento :Inteligência : Aprimoramento :
Psicologia educacional 370.152

Sumário

Nota à segunda edição

Temi,
Adso, i profeti e coloro
pronti a morire per la verità,
chè di solito fan morire moltissimi con loro,
spesso prima di loro,
talvolta al posto loro![1]

Palavras de William de Baskerville,
personagem do livro *O nome da Rosa.*

Umberto Eco (1932 -)

Escrevo esta nota cinco anos depois de publicada a primeira edição deste livro. Tantas coisas aconteceram e tantas outras aprendi em meu périplo de palestras por este imenso Brasil, que me senti no dever de reafirmar minha posição em relação à pedagogia perpetrada nas universidades brasileiras.

O sistema educacional do país está piorando ano após ano. Os resultados do PISA[2] estão cada vez mais catastróficos e, se alçamos alguns degraus no "ranking do fundo do poço", foi muito mais pela piora de nossos companheiros de desgraça do que por melhoria nossa.

1 *"Tema, Adso, os profetas e aqueles dispostos a morrer pela verdade, porque normalmente fazem com que muitos morram com eles, frequentemente antes deles e, às vezes, no lugar deles!"* (em tradução livre).

2 Programme for International Student Assessment da OECD.

Em minha opinião – altamente questionável, admito – a principal causa dessa situação é a teimosia reinante nas faculdades de Pedagogia, que relutam em admitir que o construtivismo, tido como a boia que deveria salvar a escola brasileira do iminente afogamento, revelou ser um salva-vidas de chumbo que está afundando o pouco que havia de bom no sistema tradicional.

Muitas escolas privadas, que insistiram em não admitir que o construtivismo, com seu séquito de Paulo Freire, Piaget e Vygotsky, foi um gigantesco equívoco, acabaram fechando as portas, abandonadas por pais indignados com o desempenho de seus filhos nas práticas de leitura, escrita e nos mais elementares cálculos.

Centenas, talvez milhares de laudos falsos de dislexia, TDAH, discalculia etc. foram forjados por psicopedagogos coniventes e neurologistas extremamente mal informados.

Em meio a esse caos, muitas escolas particulares voltaram ao paradigma tradicional, ressuscitaram a cartilha silábica e retomaram a memorização da tabuada.[3]

No primeiro capítulo deste livro, fui até bastante tolerante com o construtivismo; mas, depois de observar o desastre por ele causado, resolvi escrever esta nota para alertar que minha tolerância nem de longe pode ser confundida com concordância!

E, ao discordar, tenho me defrontado com uma defesa fanática do construtivismo que chega a beirar o irracional fundamentalismo de origem religiosa. A verdade é que os xiitas da esquerda

---

3 Normalmente os *pedagodemagogos* que afirmam que não há necessidade da tabuada para aprender matemática são justamente os que não conseguiram aprender matemática (e, por isso, em vez de tentar engenharia foram fazer pedagogia).

burra,[4] na tentativa de reconstruir a utopia socialista, estão impondo esse modelo de base construtivista na maioria das escolas públicas do Brasil.

A consequência é funesta!

Há um abismo entre a formação intelectual dos alunos oriundos de escolas públicas e a dos que vêm de escolas particulares, que, ao invés de estar sendo reduzido para proporcionar mais igualdade, aumenta assustadoramente, gerando uma injustiça social nunca antes vista!

E não adianta tentar consertar isso instituindo cotas: o abismo alargou-se tanto que hoje temos, nas universidades federais, verdadeiras cotas para analfabetos.

Quando me perguntam o porquê dessa teimosia, eu penso naquela moça que cursou uma faculdade de pedagogia construtivista e formou-se com um TCC nos mesmos moldes; depois, fez um mestrado também construtivista e a dissertação foi, obviamente, construtivista. Em seguida veio o doutorado, que concluiu com uma brilhante defesa de tese construtivista perante uma banca de construtivistas que nunca entraram em uma sala de aula e seguraram um giz na mão. Essa "fantástica" carreira se completa com um pós-doutorado construtivista e um belo cabide de emprego no Ministério da Educação, o MEC.

---

4 Eu sou de esquerda e acho fundamental combater esse modelo capitalista baseado no consumismo desenfreado e em um crescimento criminoso. Mas, ao contrário dos que teimam em ressuscitar um modelo de esquerda que teve um século inteiro para mostrar-se destinado ao fracasso, tenho certeza de que existem alternativas muito mais inteligentes.

Por mais intelectualmente honesta que essa senhora seja, jamais admitiria que o construtivismo foi um catastrófico equívoco. Afinal, se o fizesse, ela estaria cometendo um "suicídio intelectual".

Só lhe resta, então, agarrar-se com unhas e dentes às suas certezas e esbravejar afirmando que o construtivismo foi mal compreendido ou mal aplicado. Jamais essa "profeta da verdade construtivista" irá admitir que, na realidade, ele foi MAL CONCEBIDO!

Introdução

Pequeno discurso sobre o método (ou a falta de)

Um intelectual é alguém que recebeu um nível de instrução muito acima de seu nível de inteligência.

Arthur Charles Clarke (1917-2000)

Este livro não é uma tese, sequer um trabalho de pesquisa.

Consequentemente, não procure uma bibliografia completa no final,[5] nem fundamentações acadêmicas.

Trata-se, isso, sim, do depoimento de um velho e muito experiente professor; de alguém que dedicou praticamente toda a vida ao ensino.

Já lecionei desde a Educação Infantil até a pós-graduação. Já tive alunos de todos os tipos e níveis.

Minha mais longa vivência, porém, foi como professor de um curso pré-vestibular, o famigerado "cursinho". Nele, preparei mais de 100 mil alunos para os mais importantes vestibulares deste país.

A experiência que acumulei nessa tarefa é bastante inusitada e foge completamente dos parâmetros da pedagogia ortodoxa. Foi no cursinho que aprendi o que é uma escola de verdade.

---

5 A não ser os livros que acho importantes que você leia.

Este livro, portanto, é uma espécie de testamento e um gigantesco "EU ACHO", expressão tão abominada pelas pessoas que não têm inteligência suficiente para "achar" o que quer que seja!

Olhando para trás e vendo um longo percurso percorrido com muitos erros e uma série surpreendente de involuntários acertos, senti-me no dever de compartilhar essa experiência acumulada ao longo de uma vida com os professores e as pedagogas que estão começando agora sua própria caminhada. Espero torná-la menos árdua.

Aconselho, antes, a leitura dos dois volumes que precedem este, o do aluno e o dos pais, para poder entender por que este é um livro escrito com certa revolta.

Revolta por ver o fantástico potencial intelectual da juventude brasileira ser jogado na lata do lixo por um bando de incompetentes politiqueiros que se autodefinem os donos da verdade no mundo da educação.

Não procure aqui, portanto, metodologia e rigor. Esqueça seus preconceitos e tente acompanhar meu raciocínio.

Este é um livro que foi escrito pensando em ter como alvo professores e pedagogas inteligentes e dispostos a melhorar o nosso sistema educacional.

Se você for professor, talvez sinta alguma dificuldade, pois terá de se libertar de algumas ideias que até agora teve na conta de verdades absolutas.

Se você for uma pedagoga[6] inteligente, perceberá, ao longo deste volume, o grande equívoco da pedagogia brasileira que faz

---

6 Escrevo "pedagoga" no feminino pois não sou machista e, em caso de gêneros mistos, escolho o da maioria, e não, como se faz automaticamente, o masculino.

com que nosso sistema educacional seja um dos piores do mundo.[7] E, como você é inteligente, perceberá quão fácil pode ser mudar esse estado de coisas... basta começar a olhar para o outro lado. Talvez seja de grande ajuda, insisto, ler antes o volume 1 (*Aprendendo Inteligência*), que escrevi objetivando o aluno como leitor, e o volume 2 (*Estimulando Inteligência*), cujo público-alvo é a família do estudante.

Agora, se você for uma dessas pseudopedagogas "intelectualoides" (talvez até com doutorado e tudo mais a que tenha direito), que acham que o domínio de um jargão especializado (e na última moda) seja suficiente para adquirir o status de "dona da verdade"; se você for uma dessas que, ao exibirem seu domínio de um vocabulário pseudotécnico, deslumbram-se tanto com sua própria "pedagorreia" que não se dão conta do desastre no qual estão mergulhando nosso sistema educacional... feche este livro imediatamente!

---

7 Essa não é uma opinião apenas minha. É um fato mais do que comprovado por sérios exames internacionais envolvendo jovens de dezenas de países. Ignorar isso é querer tampar o sol com a peneira!

Parte 1

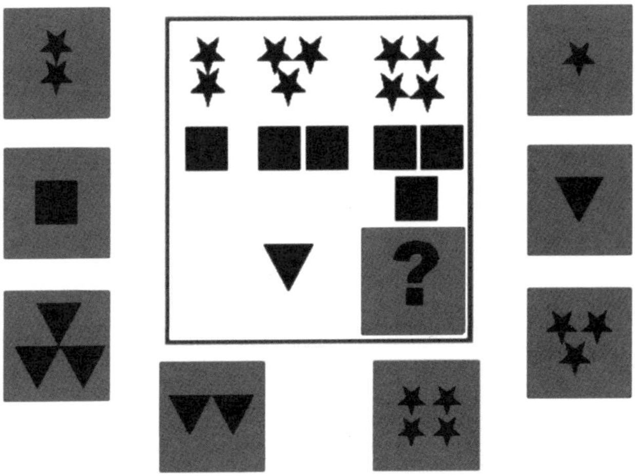

MUDANDO AS REGRAS DO JOGO

CHOPIN, SCHUBERT E O CONSTRUTIVISMO

Quis custodiet ipsos custodes?[8]

Decimus Iunius Iuvenalis (início do século II d.C.)

Certa vez, estava proferindo uma palestra para professores de uma faculdade de Pedagogia de São Paulo, quando fui interrompido por uma das pedagogas presentes:

> – Professor, devo, então, entender que o senhor é contrário ao construtivismo?
>
> – Nem contra nem a favor – respondi calmamente. – Aliás, você está ouvindo um construtivista *avant lettre*, já que mais de 40 anos atrás minhas aulas eram criticadas por colegas justamente por terem uma característica que hoje em dia poderia ser rotulada como "construtivista".[9]

Na realidade, o que penso é que qualquer discussão a respeito do construtivismo ou de outros temas *fashion* – tão em voga

8 "Quem fiscaliza os fiscais?" (Versão atualizada para o Brasil do século XXI).

9 Eu tentava "construir" na cabeça de meus alunos a necessidade das três leis da dinâmica, em vez de enunciá-las como "postulados".

no fechado mundo da pseudopedagogia brasileira – é inoportuna, dada a situação atual de nosso sistema educacional. O paciente está com câncer terminal e discute-se que tipo de rímel fica melhor em sua maquiagem!

Imagine, por exemplo, uma cena sendo filmada. Dois pianistas, ao lado de um magnífico piano Steinway, discutem se devem tocar Schubert ou Chopin.

Agora, afaste um pouco a câmera de seu "cinema mental". Dá para ver que os dois estão em um salão de festas lotado de *beautiful people* de vestidos longos e *black tie*.

Afastando ainda mais a câmera, você percebe que o salão de festas está em um transatlântico de luxo.

Abrindo mais ainda o campo de visão, vemos o navio inteiro; e um *zoom* na proa permite ver seu nome... É claro que você já adivinhou: é o Titanic, que, a essa altura do filme, já abalroou o iceberg.

O casco já foi rasgado abaixo da linha-d'água, os porões estão sendo inundados em um ritmo alucinante, o afundamento é iminente...

E OS PIANISTAS ESTÃO DISCUTINDO SCHUBERT E CHOPIN!

Ora, eu não tenho nada contra Schubert e Chopin,[10] aliás, gosto muito dos dois, principalmente de Chopin; mas, com certeza, a discussão dos dois pianistas é absolutamente inoportuna!

Pois é, as pseudopedagogas, preocupadas com a última moda, estão discutindo "construtivismo", "inclusão", "estudo do meio", "atitudes proativas" e outras "novidades" similares, e, enquanto isso, a educação brasileira está afundando. Elas não percebem que "o buraco é muito, mas muito mais embaixo", literalmente!

O que produz esse rombo abaixo da linha-d'água?

A escola brasileira atual tem dois defeitos estruturais na raiz: um deles é a deriva pela qual a pedagogia brasileira se deixou arrastar. Essa falta de rumo ocorre porque o Estado deixou de fazer auditorias externas nas escolas. Ou seja, não existe mais um controle de qualidade![11]

A figura do "inspetor", que ao visitar uma escola promovia "provas-surpresa" e "chamadas orais" para detectar eventuais falhas na formação dos alunos, SUMIU!

Até pouco tempo atrás, a "inspeção" resumia-se a uma obtusa verificação burocrática de instalações, titulação de professores, correto preenchimento de papelada (incluindo o quase sem-

---

10 Se você olhar as partituras das músicas de Chopin, verá verdadeiras obras de arte plástica, mesmo antes de tocar a melodia!

11 Se alguém acha que os Ideb, Enem e Enad são controles de qualidade válidos, é bom que reveja os conceitos de "controle do processo" e "controle do produto".

pre mentiroso Diário de Classe). Ou seja, a escola brasileira está ao deus-dará, cada um faz o que bem entende.

Cada escola particular se atribui "o melhor método, a melhor proposta pedagógica" e empurra com a barriga a formação de seus alunos, aparentando uma pseudo-organização pedagógica ao realizar "ciclo de provas", "projetos", "festas sazonais" e outras futilidades.

As escolas públicas, pior ainda, estão nas mãos da mais abjeta politicagem, muito mais preocupada em falsear índices apresentando uma eficiência de fachada do que em realmente tentar formar futuros eleitores ALFABETIZADOS e CONSCIENTES.

Concordo plenamente com os que criticam o modelo tradicional por ser excessivamente conteudista. O que me deixa estarrecido é perceber que, em vez de cortar os excessos, CORTAM-SE OS CONTEÚDOS!

Se alguém fizer uma leitura reducionista dos tais PCN, os famosos Parâmetros Curriculares Nacionais, perceberá que a mensagem final é "FAÇA O QUE BEM ENTENDER".

Eliminando a pedagorreia que permeia esses textos, o que sobra é justamente isto: não existe mais um PROGRAMA.

Não há mais um currículo MÍNIMO a ser cumprido em cada série. Alunos transferidos vivem o pesadelo de se defrontar com universos escolares totalmente diferentes ao mudar de escola, mesmo dentro de sua própria cidade.

Qual é o resultado? Não há mais um padrão, portanto NÃO HÁ MAIS COBRANÇA!

Na década de 1990, o então ministro da Educação Paulo Renato Souza concebeu a ideia do chamado "Provão" para concluintes do Ensino Superior e o Enem para os do Ciclo Básico.[12]

Ideias excelentes, já que promoviam algum tipo de auditoria externa nas escolas, até então realizada apenas de forma indireta pelos vestibulares e pelo próprio mercado de trabalho.

Infelizmente, essas boas ideias foram muito mal executadas pelo Ministério da Educação.

Basta ver a estrutura dos exames propostos: nenhum deles cobra algum tipo de conteúdo.

Viramos tanto a roda do leme para fugir do iceberg do conteudismo, que acabamos esbarrando, do outro lado, no *iceberg* do "nadismo"![13]

Felizmente, o MEC teve a coragem (ou a inconsciência!) de se filiar ao PISA (Programme for International Students Assessment), exame mundial que testa alguns milhares de alunos de 15 anos de cada país filiado à OECD (Organização para a Cooperação e Desenvolvimento) ou convidado por ela. O exame de 2003 mostrou que o Brasil, entre dezenas de países, tem um dos piores sistemas educacionais do mundo!

---

12 Mais adiante comento um artigo que escrevi para a revista *Nova Escola*, em que já havia sugerido algo parecido.

13 Até a publicação desta edição o Enem é o exemplo mais fulgurante do "nadismo"!

E os resultados brasileiros, nos exames posteriores, continuaram sendo catastróficos!

Vamos agora, por favor, fixar o conceito:

O BRASIL TEM UM DOS PIORES SISTEMAS EDUCACIONAIS DO MUNDO!

Talvez você não tenha entendido direito, portanto, vou reforçar:

O BRASIL TEM UM DOS PIORES SISTEMAS EDUCACIONAIS DO MUNDO!

Se não partirmos desse ponto básico, tudo o que formos discutir daqui para a frente perderá o sentido.

E não adianta vir com desculpas como subnutrição, poucas verbas, despreparo dos professores e outros pretextos tão empregados pelos que querem justificar nosso vergonhoso desempenho.

Também não é justo jogar toda a culpa em cima da má qualidade do ensino público: entre os alunos selecionados para o PISA, havia uma considerável amostragem de alunos oriundos de "boas escolas particulares".

Isso significa que, quando se fez uma verdadeira auditoria externa, comparando nosso sistema educacional ao de dezenas de outros países, se evidenciou a falência das perfumarias pseudopedagógicas.[14] O navio está afundando!

---

14 Os vários Inad, Ideb, Enem cobram "competências e habilidades" para satisfazer a "pedagorreia" e não medem adequadamente nem inteligência nem conhecimento, que são as verdadeiras metas de qualquer sistema escolar que tenha um mínimo de decência!

Mas o grande rombo no casco não é devido a essa falta de controle. Ela apenas levou nossa nau sem rumo ao encontro do *iceberg*.

O grande rombo, que poucos veem justamente por estar abaixo da linha-d'água, consiste em um fato muito simples. Este é apenas um dos dois defeitos estruturais que citei no começo.

O outro é muitíssimo mais grave.

A esmagadora maioria dos alunos brasileiros, de qualquer idade e curso, não estuda para aprender... finge que estuda, mas é para "tirar nota"! Esse é o câncer de nossa escola e um dos pontos nos quais vou martelar muito nos próximos capítulos.

Quando, em alguma escola, ouço dizer que o aluno não está mais indo às aulas porque "já fechou", eu penso que o que deveria "fechar" é a escola, já que está sendo gerida por incompetentes!

Temos um sistema escolar com milhões de alunos e quase nenhum estudante!

Ou seja, o Sistema Escolar Brasileiro não passa de uma gigantesca FARSA. Da Educação Infantil ao Doutorado.

Agora eu pergunto: "De quem é a culpa?".

Vamos raciocinar um pouco antes de cometer injustiças.

Quem redige as leis que regem as normas educacionais no Brasil?

As pedagogas!

Quem implanta a execução dessas normas nas escolas brasileiras?

As pedagogas!

Quem fiscaliza a aplicação dessas normas nas escolas brasileiras?

As pedagogas!

Agora, se o Sistema Escolar Brasileiro é, sem sombra de dúvida, catastroficamente ruim... de quem será a responsabilidade?

Se você respondeu "**das pedagogas!**", sinto muito, mas acho que errou!

Existe uma quantidade enorme (talvez a maioria) de pedagogas competentes, inteligentes, voluntariosas e altamente bem-intencionadas.

O que está errado não são as pedagogas... é a pedagogia! Ou, pelo menos, a pedagogia praticada no Brasil.[15]

Aqui, as faculdades de Pedagogia ensinam uma pedagogia toda recheada de termos técnicos sofisticados, aparentando um *status* de ciência, quando, na realidade, se trata de um amontoado de afirmações, muitas delas sem a menor comprovação experimental.[16]

O que você já deve ter percebido, se leu os outros dois volumes, é que o ciclo da aprendizagem inicia-se, processa-se e encerra-se em 24 horas. ELE É DIÁRIO!

---

15 A contaminação ideológica, característica dos que bradam contra os vinte anos de ditadura militar, mas querem impor uma pior ainda, criou um "fundamentalismo pedagógico" típico dos regimes totalitários. Hoje, uma pedagoga que utilize uma cartilha silábica ou que faça os alunos aprender a tabuada é tratada como uma herege pelas xiitas do construtivismo.

16 Na hora de fazer o "teste de campo" do modismo chamado "construtivismo", vimos no que deu: um monte de escolas particulares falindo! Nos países europeus está se dando uma emergencial marcha a ré para se tentar salvar o que restou depois do desastre do construtivismo.

Se, nesse período, acontecerem três coisas, o ciclo completa-se de forma eficiente:

1. Aula assistida com atenção
2. Tarefa estudada no mesmo dia
3. Uma boa noite de sono

Se qualquer uma das três não ocorrer, as 24 horas foram jogadas, do ponto de vista da aprendizagem, na lata do lixo!

Na "valsa" da aprendizagem eficiente, o "1, 2, 3" repete-se dia após dia.

O estarrecedor é perceber que na Pedagogia são ignorados o 2 e o 3, pois se acredita que o ciclo se completa apenas com o 1!

Epistemologicamente, há uma grande diferença entre um corpo de conhecimentos ser CONSISTENTE e ser COERENTE.

Um corpo de conhecimentos é CONSISTENTE quando não tem contradições internas; e é COERENTE quando não entra em contradição com a realidade externa.[17] Um bom exemplo de pseudociência absolutamente consistente, porém incoerente, é a Astrologia.

A Astrologia é consistente, pois você pode elaborar um mapa astral e toda sua interpretação por meio de um software. A Astrologia não tem contradições internas. Quem nasce com a Lua em Capricórnio sempre terá, segundo a Astrologia, o mesmo tipo de problema.

17 Alguns filósofos definem CONSISTENTE como CONSISTENTE INTERNO, e COERENTE como CONSISTENTE EXTERNO.

Agora, achar que a posição dos astros possa influir nas características de um indivíduo ou em seu destino é um tipo de raciocínio não científico, ou seja, que não atende às leis da ciência tal qual a conhecemos hoje.

A Astrologia é incoerente com a realidade do mundo atual.

Pois bem, em minha modesta opinião, opinião esta que formei após 60 anos de estudo, milhares de livros lidos e mais de 100 mil alunos instruídos, tenho a sensação de que talvez existam muitos outros ramos do conhecimento que se enquadrariam nesse modelo.

É fácil perceber que a pedagogia ortodoxa é altamente consistente, mas se mostra incoerente quando defrontada com a realidade de alunos em carne e osso.

Com os atuais conhecimentos neurocientíficos a respeito do cérebro humano, percebemos que a pedagogia, até hoje, criou o "software" sem se preocupar em checar se ele era compatível com o "hardware" disponível.

Depois de tantas importantes descobertas na área de neurociência, será que é tão impossível nos desfazermos do que a Pedagogia tem de incoerente[18] transformando-a em Neuropedagogia?

Será tão impossível que a Pedagogia oficial, essa pseudopedagogia, possa finalmente entender que **os alunos têm cérebro**?

18 Mantendo, obviamente, as muitas coisas boas que ela já tem.

Será tão difícil entender que **assistir à aula e estudar são eventos mutuamente exclusivos**?

Será tão difícil perceber que **entender** e **aprender** são duas **fases distintas** no processo de aquisição do conhecimento?

Será tão difícil entender que **calendário de provas é um absurdo**?

Creio que não seja tão difícil assim. As pessoas que militam na área de educação e já leram os dois volumes que precedem este concordam que é fácil voltar a enxergar o óbvio.

E a boa notícia é que não só não é difícil, como também é possível reformularmos completamente o nosso sistema educacional em curtíssimo prazo.

Durante alguns anos, nas aulas de Teoria Geral dos Sistemas que eu ministrava na pós-graduação da PUC-Cogeae de São Paulo, sempre alertei meus alunos:

"SE VOCÊ ESTIVER PERDENDO O JOGO, NÃO MUDE OS JOGADORES... MUDE AS REGRAS DO JOGO!".

E mudar as regras do jogo é rápido quando, como é nosso caso, os jogadores são competentes.[19]

Mas... mudar o quê?

É só parar de procurar, desvairadamente, *novas maneiras* de **ensinar** e utilizar *eficientes* maneiras de **aprender**.

Em poucos anos, teremos, talvez, condições de ocupar até o topo do próximo PISA. A Finlândia, sempre no topo do ranking do exame, que se cuide! Basta mudar as regras do jogo!

---

19 Minha experiência pessoal, viajando e fazendo palestras em escolas por todo o Brasil, mostrou-me que quase todos os profissionais que militam nessa área são inteligentes e competentes. As regras (principalmente as que "vêm de cima") é que estão equivocadas.

Parte 2

MUDANDO COMPORTAMENTOS

O PROCESSO

Toda revolução evapora, deixando, atrás de si, somente o depósito de uma nova burocracia.

Franz Kafka (1883-1924)

Mas... mudar as regras do jogo sem nenhum teste prévio não pode ser tão arriscado quanto enveredar pelos caminhos desvairados aos quais nos está levando esse modismo fútil da pseudopedagogia?

Felizmente, existe um laboratório no qual a mudança nas regras do jogo foi testada durante mais de meio século com um sucesso fantástico.

Estou me referindo ao curso pré-vestibular no qual lecionei por quase toda a minha vida de professor.

Durante um breve período da minha vida, dei aula em um colégio, e verifiquei que há uma diferença brutal entre o comportamento de um aluno na escola formal e no cursinho.

No cursinho, ele compartilha a sala de aula com outros 199 colegas... em silêncio absoluto, prestando o máximo de atenção.

Se durante a aula eu contar uma piada, os alunos darão risada (o que é um bom sinal, mostra que entenderam), e, assim que volto a falar da matéria... SILÊNCIO ABSOLUTO!

Se um dos alunos começa a conversar durante a aula, é imediatamente silenciado pelos próprios colegas.

Em mais de 30 anos de cursinho, nunca precisei tirar sequer um aluno da sala de aula.

Não faço chamada. Não há controle de presença. Na realidade, há um controle estatístico de frequência feito por um monitor que entra silenciosamente durante a aula, conta discretamente a plateia e anota a quantidade de presentes.

Pois bem, aos sábados pela manhã, o índice de presença costuma ser de 102% a 103%. Ou seja, não só o pimpolho não falta como leva o vizinho ou o primo para assistir à aula.

No cursinho, eu não dou nota. Nossas provas são os chamados "simulados", que, como o próprio nome diz, são apenas simples verificações de aprendizado, e não avaliações.

Apesar de não ter a "recompensa" da nota (ou talvez por isso), meus alunos estudam de duas a seis horas por dia!

Na escola formal, por outro lado, as regras, para as quais existem pouquíssimas exceções, são:

1. Os alunos conversam ou dormem durante a aula mostrando uma crônica falta de interesse.[20]
2. Qualquer pretexto serve para faltar à aula.
3. Estudar... só em último caso, e, se possível, bem em cima da hora!

Quando se tornam evidentes essas brutais diferenças de comportamento, os profissionais que militam na escola formal (sujeita às regras do jogo da pseudopedagogia) começam com seus palpites.

---

20 Agora, com pais que chegam ao absurdo de permitir que o filho ou a filha tenha um computador dentro quarto, a prática de dormir durante a aula tornou-se uma rotina.

- "O aluno de cursinho é mais maduro e sabe o que quer";
- "O aluno de cursinho está mais motivado";
- "Os professores do cursinho dão aulas que são verdadeiros shows e que prendem a atenção dos alunos";
- "No cursinho ele recebe todas as dicas e os truques para passar no vestibular, e por isso presta tanta atenção".

Estou cansado de ouvir essas preconceituosas "explicações" sendo repetidas entre pais, pseudopedagogas e "autoridades de ensino".

Na realidade, há apenas dois fatores que explicam toda essa mudança comportamental.

Antes de tudo é que, pela primeira vez na vida escolar da maioria de nossos alunos, eles aprendem algo que deveriam ter aprendido há muito tempo: aprendem a aprender!

No cursinho, os alunos transformam-se em estudantes.

O segundo fator é mais simples ainda: no cursinho, os nossos alunos têm de enfrentar um concurso vestibular, CUJAS QUESTÕES NÃO FORAM ELABORADAS PELOS PROFESSORES DO CURSINHO!!!

Para entender melhor de onde vêm a eficiência do cursinho e a motivação dos alunos, vamos fazer uma analogia.

Quem é o réu?

O candidato, ou seja, o próprio aluno.

Quem é o promotor?

A banca examinadora que elabora a prova.

Quem é o policial?

O monitor que percorre a sala de exame para impedir a cola.

Quem é o juiz?

O professor contratado pela faculdade para corrigir as provas.

E o professor de cursinho, nesse processo, desempenha qual papel?

Isto mesmo: só e exclusivamente o **advogado de defesa!**

Eu sou aquele que, por dever de ofício, tentará fazer com que o réu se saia da melhor forma possível no processo.

Antes de entrar na sala para dar a primeira aula a um bando de alunos que nunca me viram, eu já sei que eles me acham simpático e farão de tudo para me agradar!

Eu estou do mesmo lado da trincheira que eles, combatendo contra o inimigo comum!

Dessa forma, é facílimo ter a atenção deles durante a aula e motivá-los a estudar e a não faltar.

Vamos agora voltar à escola formal? Aquela dominada pela pseudopedagogia?

Aquela escola onde existem provas, chamadas e, pior de tudo, "normas orientadoras vindas de Brasília"?

Quem é o professor?

É o **juiz** que vai decidir a sentença ("*Vou passar de ano ou não?*"); é o **promotor**, o acusador ("*Pô, fessor! Essa prova tá mó difícil!*"); é o **policial** que não deixa colar e, principalmente, é o **carcereiro** que vai mantê-lo preso certo número de horas por dia, número este que muitos pais gostariam que fosse muito, mas muito maior.

E, com tudo isso, eu me pergunto: como as pseudopedagogas podem achar que é possível termos um sistema eficiente?

No ensino público de alguns estados, então, a coisa é ainda pior! Alguma irresponsável dotada de autoridade decidiu que não há mais reprovação e conseguiu convencer quem é de direito a adotar tal medida!

Pasmem! Agora o professor virou só e exclusivamente carcereiro! Isso em turmas nas quais os alunos vêm para a aula com, no mínimo, um "treisoitão" no bolso.

Mas por que tudo isso? Será que é só burrice? Claro que não. A coisa é muito mais perversa e surrealista. O que eles querem é melhorar as estatísticas que vão apresentar à Unesco!

Agora, um aluno que falte a todas as aulas e compareça a meia dúzia de atividades de recuperação no final do ano letivo consta não só como APROVADO, mas também, obviamente, como NÃO EVADIDO nas mentirosas estatísticas que as "autoridades de ensino" perpetram.

Aliás, nunca o termo "evasão escolar" foi tão ironicamente apropriado.

Como mudar essa regra do jogo? Vamos ver no próximo capítulo.

QUEM ENSINA... NÃO EXAMINA!

Quem ensina... não examina!

Pierluigi Piazzi (1943-2015)

Em 1990, participei de um seminário em São Paulo em que, para variar, discutia-se, de forma absolutamente estéril, a educação.

Por ser o único professor de verdade a falar (o resto era pesquisador universitário, reitor, secretário de educação e pseudopedagogas de baciada), fui o único a ser entusiasticamente aplaudido pela plateia no final da discussão.

Diga-se de passagem, a plateia era constituída por professores e professoras de verdade, aqueles que sujam as mãos de giz.

Isso não alimentou nem um pouco meu ego (que é inflado quando vejo um brilho de compreensão nos olhos de meus alunos), mas serviu para que um repórter deslumbrado pela minha súbita popularidade me pedisse para escrever um artigo na revista *Nova Escola*.

OPINIÃO

Quem ensina não dá nota

Nos meus 25 anos de Magistério, já passei por todas as experiências possíveis, desde o pré-primário até a universidade. Uma situação, porém, me deixou marcado e perplexo. Foram os 15 anos em que lecionei num cursinho em São Paulo

Tendo já vivido os problemas da escola tradicional, ao entrar no cursinho me vi, de repente, numa situação virtualmente utópica: apesar de ter quase 200 alunos numa sala de aula, nunca — repito —, nunca tive problemas disciplinares!

Embora não fizesse chamada (no cursinho não há controle individual de presença, só contagem), o índice de freqüência nas minhas aulas oscilava entre 98 e 103%! Amigos dos alunos eram por eles

"A única e verdadeira finalidade de qualquer escola é se tornar inútil. Formar autodidatas significa formar cidadãos verdadeiramente livres"

do as escolas, seja como exames internos, fiscalizando os professores. O aluno da 6.ª série não deve ser aprovado (ou não) pelos professores da própria 6.ª série, mas sim deve ser aceito (ou não) pelos da 7.ª.

Obviamente tal proposta será imediatamente combatida pelos professores inseguros que fazem da nota não uma ferramenta de ensino mas sim uma arma para disciplinar pelo terror. Mal percebem que é este terror o principal responsável pela absurda evasão escolar e pela total ineficiência do nosso ensino em todos os níveis.

Um segundo motivo do sucesso educacional obtido por um cursinho sério é o fato de ter que ensinar em menos de um

Recorte da seção OPINIÃO da revista Nova Escola de agosto de 1990.

O título do artigo foi justamente "Quem ensina não dá nota".

Para quê?! Fui simplesmente crucificado por quase todos os que o leram, fazendo-me duvidar de minha própria sanidade mental. E sabem qual foi o argumento?

"Se você me tira a arma da nota, como é que vou controlar as pestes?"

Vejam a deformação a que chegamos: a nota, além de ser o objetivo prioritário do aluno, virou ARMA do professor!

Perguntei-me como algo que para mim era tão óbvio poderia ser tão estranho para uma maioria.

A resposta é simples. Nenhum deles havia dado aula durante quase meio século para mais de 100 mil alunos sem jamais ter avaliado qualquer um deles. Apesar de o professor de cursinho estar absolutamente desarmado,[21] minha experiência foi muito positiva.

---

21 Cursinho não dá diploma, nem fornece certificado, é aprendizado puro e simples, sem farsa nem teatrinho.

Como já disse, não só nunca tive de tomar medidas disciplinares contra alguma "peste" (os colegas da peste se encarregam disso) como sou lembrado com muito carinho pela maioria de meus ex-alunos. E tudo isso correndo com a matéria em um ritmo alucinante, pois tento recuperar, em nove meses, 11 anos de enganação da escola oficial. E, ainda por cima, a matéria que ensino é Física, uma das mais odiadas por este mundo afora!

Onde foi que acertei?

Essa é a pergunta que me fazia naquele famigerado artigo.

Mais uma vez a resposta é simples. Se eu não dou nota, é outro que dá! Esse outro se torna um inimigo comum contra o qual eu e meus alunos lutamos ombro a ombro.

Eu não preciso de armas... estou entre amigos! Eu não avalio meus alunos, sou avaliado com eles!

Certa vez, um correspondente estrangeiro na Noruega ficou muito surpreso ao encontrar, dentro do bonde, nada mais nada menos que o rei, carregando seus esquis, indo praticar esporte no morro situado no ponto final. Ao interpelá-lo sobre como é que se arriscava a sair sozinho sem seguranças, o rei respondeu:

– Como sem seguranças? Tenho milhares: todos os meus súditos!

Não quero, nem de longe, me comparar ao rei da Noruega, é claro; mas poderia parafraseá-lo: "Todos os meus alunos são meus inspetores de disciplina".

E lógico que isso não acontece graças ao meu "charme" pessoal. O fenômeno é inerente à regra do jogo, e não a quem o está jogando.

Recentemente, um colégio particular de uma pequena cidade próxima a São Paulo, com umas duas dúzias de alunos no 3º colegial (que os "gênios" de Brasília rebatizaram de 3º médio), resolveu criar um cursinho à tarde para os interessados em se preparar com mais afinco para um vestibular sério.

Como o colégio não cobrava nada pelas aulas adicionais, apenas o material comprado do Sistema de Ensino, quase todos acabaram se inscrevendo.

Visitei a escola para orientar os professores e, em uma segunda oportunidade, os alunos.

Na terceira visita, encontrei o diretor da escola que comentou até com certo espanto:

– Professor, eles parecem outros! Comportam-se com uma seriedade e uma garra que jamais imaginei que tivessem. E que entusiasmo, professor, que entusiasmo!

Ora, os professores eram os mesmos que lecionavam pela manhã, os alunos os mesmos, a sala de aula a mesma... tudo igual.

Pois é... cadê o papo da motivação, da maturidade e de todas as outras "explicações" usadas preconceituosamente para justificar a enorme diferença de comportamento?

Que estranha poção será que eles sorveram para se transformar de mr. Hyde em dr. Jekyll?

A única mágica foi a transferência da tarefa

de avaliar. Agora, a missão do professor é simplesmente fazer o aluno aprender![22]

Quem vai dar a nota é uma entidade impessoal e ameaçadora chamada vestibular. O professor, de repente, tornou-se o amigo, o aliado, a tábua de salvação.

E É SÓ ASSIM QUE O PROCESSO EDUCACIONAL PODE FUNCIONAR!

---

22 Insisto: a missão do professor NÃO É ENSINAR, é FAZER O ALUNO APRENDER!

AVALIAÇÃO X VERIFICAÇÃO

Se você está descrevendo a verdade, deixe a elegância para o alfaiate.

Albert Einstein (1879-1955)

Há alguns anos, por indicação de um vizinho meu amigo (acho que o Stephen Kanitz), aluguei um vídeo.

O título em inglês era *Stand and Deliver*. Em português, foi rebatizado de *O Preço do Desafio*.

O filme narra a história verídica de um engenheiro boliviano que é contratado para dar aulas de computação em uma escola na periferia de uma grande cidade americana, cuja população estudantil é constituída, em sua maioria, por "*xicanos*".[23]

Óbvio que a escola é tão decadente que os computadores ainda não haviam chegado (ou vocês acham que só nossas autoridades de ensino são incompetentes?).[24]

---

23 Apelido depreciativo, oriundo de "meXICANOS", pelo qual são tratados os latinos nos Estados Unidos.

24 Note que o filme é de 1987 e já nessa época havia uma preocupação, nas escolas americanas, de familiarizar o aluno com computação (e não informática, como querem os tais da "inclusão digital").

Para ocupá-lo, encarregaram-no de lecionar uma matéria optativa, Matemática Avançada.

Ao final de seu curso, seus alunos seriam avaliados por um exame vindo de fora, e os aprovados ganhariam bolsas de estudo nas universidades.

O cidadão tem lances geniais, como o de afirmar para os latinos descendentes de índios da América Central que seus ancestrais, os maias, já utilizavam o conceito de zero quando os europeus ainda engatinhavam com a notação em algarismos romanos.

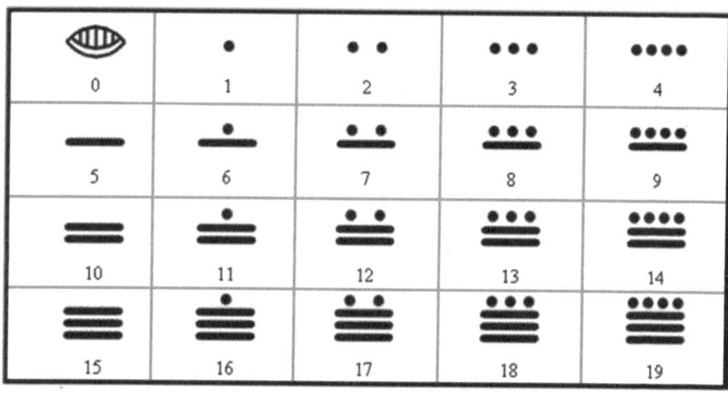

Bem, resumindo, ele aplica provas de verificação de aprendizado em seus alunos, mostra os resultados ampliando sua autoconfiança e, finalmente, chega o dia da Grande Prova de Avaliação.

As folhas de prova vindas de fora são entregues aos alunos e, sob a fiscalização do próprio professor (esse é o grande erro!), eles respondem às questões.

A aprovação dos alunos é total, e as notas tão altas que o professor é colocado sob suspeita de ter "assoprado" as respostas para seus alunos.

Ao se sentir injustiçado, ele sofre um infarto e os alunos conseguem uma segunda oportunidade em um exame agora fiscalizado por gente de fora.

Repetição do resultado brilhante e final feliz.

Se não me falha a memória, o clássico letreiro que aparece no final de todo filme americano que trata sobre um caso verídico nos informa que o cidadão se recuperou e foi contratado para fazer turnês pelos Estados Unidos para explicar qual o maravilhoso método que ele empregou para obter tão brilhante resultado.

O que mostra que a imbecilidade não é exclusividade nossa!

O que ninguém percebe é que o excelente resultado foi obtido não apenas pelo fato de o professor ser brilhante, utilizando métodos altamente motivadores, mas, e principalmente, pelo fato de a avaliação ter sido feita por uma entidade externa à sala de aula.

Toda vez que o professor aplicava uma verificação de aprendizado (simulado), ela era encarada pelos alunos como uma oportunidade para corrigir falhas, evidenciar e eliminar dúvidas, e não como um instrumento de avaliação e certificação.

Os alunos verificam seu aprendizado, ou seja, sua alteração PERMANENTE na estrutura mental que permitirá enfrentar em uma etapa posterior – aí, sim, uma avaliação externa.

O que as autoridades de ensino norte-americanas não perceberam é que professores excepcionais usando métodos brilhantes podem ser encontrados de baciada (como veremos mais adiante).

Mas, para que eles funcionem, é indispensável mudar a regra do jogo. O professor que ensina não examina! Não pode ser "contaminado" pela avaliação, pela nota, sequer pode tomar conta dos alunos em uma prova!

Pode, e deve, aplicar simulados que permitam estabelecer um feedback tanto para ele quanto para os alunos, mas, em hipótese alguma, deve JULGAR o aluno. Ele deve, isso sim, **se submeter a um julgamento solidariamente a seu aluno perante uma corte externa**.

O que as autoridades de ensino norte-americanas (e muito menos as nossas) não sabem é que o tal professor boliviano, por uma série de circunstâncias fortuitas (infarto, falta de computadores etc.), funcionou como se fosse um professor do cursinho!

Ou seja, fez coisas que os professores de cursinhos sérios fazem há mais de meio século!

Óbvio que há uma diferença fundamental entre verificação de aprendizado (ação altamente positiva e motivadora) e avaliação (julgamento).

Será isso tão difícil de entender?

Minha experiência mostra que sim, que duas atividades tão distintas podem ser frequentemente confundidas.

Há pouco tempo (notem que para alguém de minha idade pouco tempo pode significar alguns anos), fui a Recife (PE) a convite do Senac para participar de um congresso em que tinha de falar a um público de muitas centenas de professores.

É claro que não perdi a oportunidade de discutir minha tese "Quem ensina... não examina". Ou seja, discuti o porquê de a avaliação (julgamento) do aluno não poder estar na mão do professor. Aparentemente, todo mundo entendeu e até concordou.

Enquanto, porém, estava eu nos bastidores dando uma entrevista para o jornal local, outro orador destruiu minha tese dizendo que o professor não poderia abrir mão do feedback, ou seja, da avaliação de aprendizado.

Ou seja, o cidadão confundiu AVALIAÇÃO com VERIFICAÇÃO DE APRENDIZADO!

Ora, verificações de aprendizado, lá no cursinho, são feitas o tempo todo. Boa parte de nosso orçamento é dedicada à elaboração e correção dos exames SIMULADOS. Insisto... SIMULADOS.

Ou seja, as notas atribuídas a esses exames não valem nada, não geram diplomas ou certificados. Servem apenas, justamente, como feedback, tanto para os alunos quanto para os professores.

Bem – dirá você –, vai ver se tratava de um leigo que não distinguia essas sutilezas.

Não, senhor! Era um "doutor". Adivinha em quê?

PEDAGOGIA. Precisa dizer mais alguma coisa?

A TAPEÇARIA DE PENÉLOPE

O objetivo do aprendizado é o de crescer, e nossas mentes, ao contrário dos corpos, continuam crescendo enquanto vivermos.

Mortimer Adler (1902-2001)

Um dos momentos mais importantes de minha vida foi quando a professora que estava me interrogando no exame de admissão[25] disse:

– *Ultima domanda: qual è il genitivo di iter?*[26]

Claro que a pergunta está em italiano, pois aos 10 anos de idade eu ainda morava em Bolonha e não tinha a mais pálida ideia de que existia um país gigantesco e maravilhoso chamado *Brasile.*

– *Mah!* – exclamei – *Non lo so. Ma, siccome in italiano si dice itinerario, in latino dev'essere* itineris.[27]

– *Bravo!* – disse ela com um sorriso de satisfação. – *Ci rivediamo in prima media.*[28]

---

25 Que, obviamente, aqui no Brasil, foi eliminado pelas autoridades de ensino, pois se tratava de algo sério que evidenciava a falência de nosso ensino elementar.

26 "Última pergunta: qual o genitivo de *iter*?"

27 "Não sei. Mas, como em italiano dizemos itinerário, em latim deve ser itineris."

28 "Muito bem! Nos revemos no primeiro ano do ginásio."

E realmente a reencontrei como minha professora de latim e italiano, alguns meses depois, na "prima media". Vou explicar: a *prima media* equivalia, na época, ao primeiro ano do curso ginasial no Brasil.

Mas, como no Brasil sempre se disse que algo deveria mudar na educação, pois ela estaria falida (ouço isso desde que moro aqui, ou seja, desde 1954!), as pseudopedagogas fizeram uma mudança extremamente importante: passaram a chamar o primário e o ginásio de "primeiro grau" (e, com isso, varreram o exame de admissão para baixo do tapete!).

É claro que isso não refrescou nada, porque apenas o nome mudou – a incompetência das pseudopedagogas não.

Muitos anos depois, ainda com a mesma situação falimentar, resolveram que era importante outra mudança no ensino, e resolveram chamar o primeiro grau de "fundamental"! E a incompetência continua... Agora inventaram de chamar a 1ª série de 2º ano! Será que ninguém nunca vai se insurgir contra essa palhaçada? Serei eu uma voz clamando no deserto? Será que sou a única pessoa deste maravilhoso país a perceber o absurdo dessa constante mudança de nomes (e, agora, de números)? Mas, voltando à *prima media*, o livro adotado nas aulas da tal professora foi a *Ilíada* de Homero.

Que maravilha! A classe foi dividida em gregos e troianos, e cada canto da Ilíada era como se fosse um jogo com duas torcidas fanáticas, em que os craques eram Aquiles, Heitor, Pátroclo e companhia.

Ah!, os cartolas, obviamente, eram Vênus, Juno, Netuno, Apolo etc.

Não me lembro muito bem da fisionomia da professora, mas ela era tão querida, tão estimulante, tão simpática que, para mim, era a mulher mais bonita do mundo!

Pois era tão boa professora que fez com que eu começasse a procurar nas gavetas de minha irmã mais velha o livro que adotaríamos no ano seguinte, a *Odisseia*, do mesmo Homero.

Foi outra história fascinante na qual mergulhei em minhas horas vagas.

Uma das passagens que mais ficaram marcadas em minha memória foi a do truque de Penélope para adiar a escolha de um pretendente.

Para quem não se lembra: Ulisses estava ausente havia muitos anos.

Não havia regressado de Troia e fora dado como morto. Penélope, sua suposta viúva, é intimada a escolher um pretendente para que ocupe o trono de Ítaca como o novo rei.

Penélope afirma que fará a escolha quando acabar a tapeçaria que está tecendo.

Só que, para ganhar tempo, de dia ela tece, e à noite, às escondidas, desfaz boa parte do trabalho.

Pois é, a tapeçaria de Penélope lembra-me muito o cérebro de nossos alunos.

Durante as aulas, eles vão tecendo uma tênue e instável tapeçaria que, logo em seguida, é desfeita.

John William Waterhouse, *Penélope e seus pretendentes* (1912)

Consciente ou inconscientemente, porém, eles sabem disso: "Vamos tecer a tapeçaria em cima da hora, assim os que a olharem conseguirão vê-la antes que se desmanche".

Pois essa é a razão pela qual a maioria de nossos estudantes, em qualquer nível, estuda para a prova na véspera:

PARA NÃO DAR TEMPO DE ESQUECER!

Ou seja, parte-se do princípio de que tudo aquilo pode (e até deve!) ser ESQUECIDO.

E, no fundo, eles são vítimas de uma cultura completamente equivocada, criada pela pseudopedagogia.

Uma mãe que diga: *"Filha, sai desse Facebook e vai estudar, menina! Você tem prova amanhã!"* está cometendo um crime hediondo e deveria ser presa sem direito à fiança!

O crime não é tirar a filha da frente do *Facebook* – essa é uma atitude tão benéfica quanto dizer "Pare de fumar maconha!".[29]

O crime é induzir o aluno a estudar PORQUE TEM PROVA!

E como é que a mãe sabe que tem prova? Porque a escola, obedecendo À LEI, publicou o calendário de provas. Existe coisa mais SEM SENTIDO?

Certa vez ouvi, em uma escola na periferia de São Paulo, uma mãe conversando com a diretora:

> – Minha filhinha ficou doente ontem, segunda-feira, e perdeu a prova. Ela pode fazer a reposição amanhã?
>
> – Sinto muito – respondeu a diretora. – Nesta escola todas as provas de reposição são feitas aos sábados, para não atrapalhar o andamento das aulas durante a semana.
>
> – SÁBADO? – exclamou a mãe aflita. – Mas sábado está muito longe; até lá, a coitadinha já terá esquecido tudo!

---

29 Várias mães já me relataram que, ao tirar o celular por alguns dias dos(as) filhos(as), se defrontaram com febre, enjoo e suores frios, ou seja, verdadeiras crises de abstinência, como se eles fossem dependentes químicos!

Pois é, enquanto a pseudopedagogia não se transformar em pedagogia de verdade, criando mecanismos que alterem essa cultura pervertida segundo a qual o aluno está na escola para ir bem nas provas, tirar boas notas, passar de ano e obter um diploma, a palhaçada atual vai continuar.[30]

Há alguns anos passei pela experiência de dar aula em um colégio, no curso médio (antigo colegial). Eu estava com vontade de dar aula para uma turma pequena, já que no cursinho minhas salas têm, em média, quase 200 alunos!

"DUZENTOS alunos?" é a pergunta estarrecida que costumo ouvir.

– E você chama isso de "ensino de primeiro mundo"?

Calma! É justamente por isso que consegue ser de primeiro mundo. Qualquer número de alunos acima de dez é multidão. Multidão por multidão é melhor colocar 200 e remunerar muito bem o professor do que colocar 40 e pagar um salário de fome.

– Mas com 200 alunos não se cria uma algazarra insuportável?

Claro que não! Como vimos nos capítulos anteriores, alunos que encaram o professor como um aliado não fazem algazarra. Só os enquadrados em escolas que usam a pseudopedagogia é que fazem!

Mas, por enquanto, é bom enfatizar que a qualidade é infinitamente mais importante que a quantidade.

Pois bem, um amigo, diretor de uma escola, arrumou-me um 1º colegial com nove alunos: uma mocinha e oito bandidos – todos, porém, muito simpáticos.

---

30 Já ouço pseudopedagogas afirmando: "Mas por que é preciso fazer isso? Nós já sabemos". Pergunto eu: "ENTÃO, POR QUE NÃO FAZEM?".

Resultado da primeira prova de Física: Mocinha, 9; dois dos bandidos, 8; e o restante oscilando entre 4 e 5.

Uma semana depois, sem avisar ninguém (este é um detalhe importante: o elemento surpresa), apliquei de novo a mesma prova. **Idêntica**. Mesmas perguntas.

Resultado: A nota mais alta continuou sendo da Mocinha: 3. Resto dos bandidos: 1. E notem que não foi um "zero" graças à pergunta: "**Quantas** são as **três** leis de Newton?".

Conclusão: se as regras do jogo, estabelecidas pela pseudopedagogia, fossem honestas, a nota que eu deveria ter registrado no diário de classe deveria ter sido a segunda. Ou seja, aquela que realmente refletiu o aprendizado.[31]

A lei, porém, obriga-me a registrar a primeira, ou seja, o resultado do "faz de conta", da farsa!

E se o professor, idealisticamente, tentasse registrar a nota verdadeira, poderia ser alvo até de um processo administrativo na diretoria de ensino, movido por pais indignados apresentando argumentos do tipo "pegou o coitado do meu filhinho de surpresa: ele nem teve a possibilidade de estudar na véspera. Agora ele ficou traumatizado e vai ter de fazer terapia senão vai ficar **hiperativo**, com **TDAH** e **disléxico**!".[32]

– Ah! – já ouço alguém exclamar. – Então o que você quer é que os alunos tirem notas baixas!

Absolutamente! O que eu quero é que meus alunos aprendam de verdade e não que finjam ter aprendido.

---

31 APRENDER é aprender PARA SEMPRE, e não para o dia seguinte!

32 TDAH é uma doença inventada e dislexia é uma disfunção raríssima, tão rara que não justifica a epidemia de laudos que grassa no Brasil. Mas essa é fácil de curar. Existe um santo remédio que resolve a maioria dos casos. O remédio se chama Caminho Suave!

Eu quero que a nota seja a medida do aprendizado, e não sua substituta! Quero que seja uma consequência, e não um objetivo.

– Bem, então você quer que eles estudem mais!

De forma alguma! Muito pelo contrário! O que eu quero, insisto, é que eles aprendam, portanto que estudem menos.

– Epa! Essa você vai ter de explicar direitinho!

É simples. Mais uma vez insisto: estudo não é questão de quantidade, mas sim de qualidade.

Aliás, a melhor maneira de se reconhecer um medíocre é quando ele confunde qualidade com quantidade. Vou exemplificar.

O Ensino Básico, por exemplo, tinha, como regra, 180 dias letivos. Ou seja, os alunos recebiam, salvo raras exceções, 180 pacotes de porcaria! O que as autoridades de ensino fizeram para atender à gritaria da sociedade indignada com os 180 pacotes de porcaria?

Passaram a tornar obrigatórios 200 dias letivos! Agora o coitado é obrigado a digerir 200 pacotes de porcaria!

Aumentaram a quantidade sem se preocupar em melhorar a qualidade. É aquilo que em Harvard chamam, ao exemplificar uma má administração, de *"more of the same"*!

A solução não está em aumentar a quantidade de aulas. E, paradoxalmente, também não está em aumentar a qualidade, ou, pelo menos, não só isso.

O que deve ser feito é parar de confundir ASSISTIR À AULA com ESTUDAR!

Parar de confundir BOM ALUNO com aluno que tira BOAS NOTAS!

Em suma, como veremos nos próximos capítulos, devemos transformar a pseudopedagogia, a fútil e desvairada busca do que está na última moda, em pedagogia DE VERDADE, ou seja, em NEUROPEDAGOGIA, uma pedagogia que leve em conta que os seres humanos pensam porque têm cérebro!

Parte 3

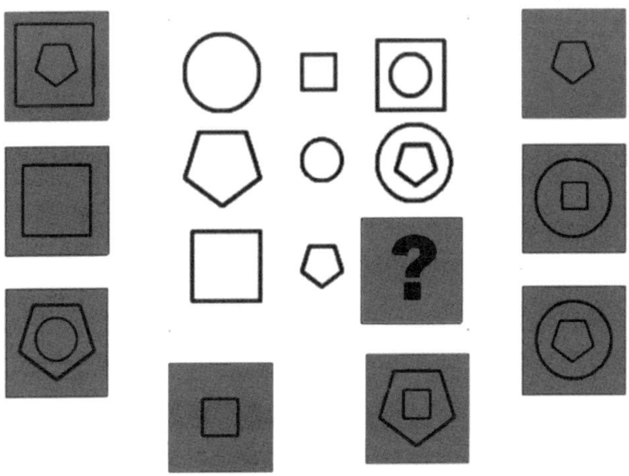

ALUNOS TÊM CÉREBRO

ONDE ESTÁ O PINGUIM?

Quem deixa de ser um estudante nunca foi um estudante.

George Iles (1852-1942)

Vamos, agora, aprender algo que, provavelmente, lhe soará como novo.

Respire fundo, cerre os olhos e **imagine um pinguim**. Não, não pule para o parágrafo seguinte. Por favor, feche REALMENTE os olhos e imagine um pinguim.

Talvez tenha sido o do Linux ou, quem sabe, o simpático Pingu. Ou, até, um sofisticado pinguim imperador.

Não interessa! O que importa é que, ao fechar as pálpebras, em sua visão interior surgiu um pinguim.

Com os olhos da mente, você "viu" um pinguim.

Agora, eu pergunto: existe um pinguim dentro de seu crânio? É claro que a resposta é "não"!

Existe a imagem de um pinguim dentro de seu cérebro? A resposta, agora não tão óbvia quanto a anterior, continua sendo "não"!

– Então, como é que eu "vi" um pinguim? – você perguntará.

O mecanismo que explica isso não é muito complicado.

Quando seu cérebro aprendeu qual é o aspecto de um pinguim, na realidade não armazenou nenhum dado como faríamos ao colar uma imagem em um álbum de fotografias.

O mecanismo de "armazenagem" da informação foi completamente diferente.

Como você deve se lembrar, as células que fazem nosso cérebro funcionar são os neurônios, uma espécie de interruptores eletrobioquímicos que disparam microscópicas correntes elétricas estimulando outros neurônios.

Dependendo da soma dos estímulos recebidos pelos dendritos, o neurônio irá, ou não, disparar um pulso elétrico pelo axônio que afetará as sinapses e o comportamento de outros neurônios.[33]

Nosso cérebro, portanto, é um emaranhado extremamente complexo de redes neurais que têm uma característica importantíssima: elas são reconfiguráveis!

Ou seja, ligações podem ser desfeitas ou reforçadas por um processo, como veremos mais adiante, denominado "treinamento da rede".

É justamente isso que nos dá a capacidade de aprender. Quando você aprendeu qual o aspecto de um pinguim, na realidade modificou o circuito elétrico de uma parte de seu cérebro de ma-

33 Em um próximo capítulo veremos esse mecanismo com mais detalhes.

neira a ter uma rede neural que, quando solicitada por um estímulo adequado ("Respire fundo, cerre os olhos e **imagine um pinguim**" – lembra?), dispara uma sequência absurdamente complexa de minúsculas correntes elétricas que imitam o mesmo padrão que seu córtex visual produzia ao ver, no mundo real, um pinguim.

Isso significa que em seu cérebro não há uma imagem de pinguim armazenada. A imagem do pinguim é RECONSTRUÍDA pelo disparo da rede neural TODA VEZ QUE FOR SOLICITADA.

Seu cérebro não armazenou a imagem... armazenou o "caminho" neural que permite RECRIAR a imagem quando necessário.

No próprio computador no qual este livro foi digitado, a imagem do pinguim do Linux que coloquei no começo do capítulo está armazenada segundo um código incompreensível.

Gravei, por exemplo, a imagem como:

PINGUIM.BMP:

Mandei o bloco de notas abrir esta imagem e veja o que apareceu:

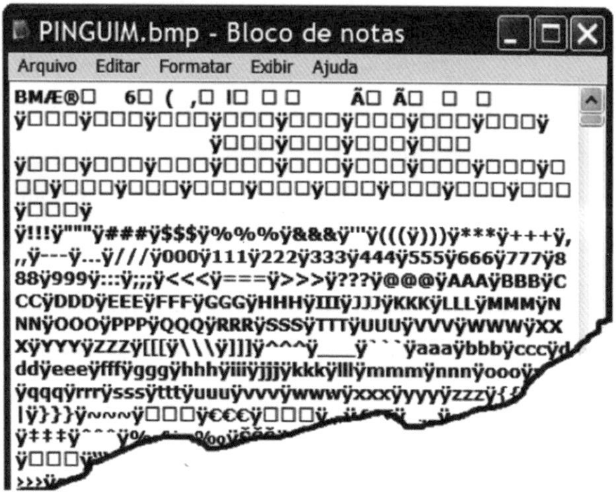

Essa sequência maluca de códigos aparentemente sem sentido, ao ser interpretada pelo programa adequado (que certamente não é o *Bloco de Notas*!), como o *Paint*, acaba criando a imagem do pinguim:

Essa imagem NÃO ESTAVA no micro!

O que estava lá era uma sequência de códigos que, adequadamente interpretados, criou NA HORA a imagem.

Da mesma forma, insisto, em seu cérebro não existe nenhuma imagem de pinguim. O que existe é um emaranhado de neurônios interligados que, ao serem disparados, criaram a sensação "imagem de pinguim" em sua mente.

De novo: o que seu cérebro gravou não foi o pinguim em si, mas o **caminho** neural necessário para criar, *ad hoc*,[34] a imagem quando solicitada.

Mas... deixemos, um pouco, o pinguim de lado. O que suponho que tenhamos entendido de fundamental nessa história toda é que "aprender" significa **alterar a configuração física** de nosso cérebro.

Em um computador eletrônico, "aprender" significa acrescentar *software* (códigos) sem mexer no *hardware* (fiação).

Em um computador biológico como nosso cérebro, ao contrário, "aprender" significa alterar o próprio hardware, mudar circuitos e treinar redes neurais para que criem novos percursos.

No processo da verdadeira aprendizagem há um crescimento de dendritos neurais, ou seja, a própria fiação fica mais rica e complexa.

E, quanto mais complexa, maior será a inteligência operacional do cérebro.

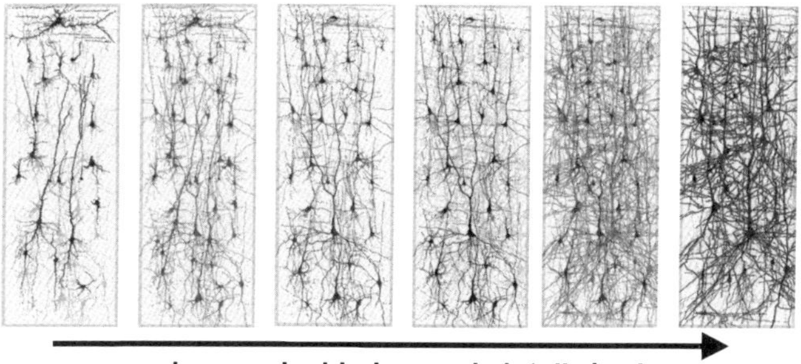

mais complexidade = mais inteligência

34 Infelizmente, em nosso passado recente, um imbecil (e com esse não uso meias palavras, é um imbecil mesmo!) tirou o latim do currículo escolar. Para os coitados dos leitores que não tiveram o privilégio de aprender latim, poderíamos traduzir *ad hoc* por *on demand* (espero que, pelo menos, tenham entendido o sarcasmo).

– Mas por que a escola brasileira é tão ineficiente nesse "aprender"? – você deve estar se perguntando.

A resposta é simples: a grande maioria das escolas (e famílias) brasileiras estimula os alunos a estudar para a prova.[35] E quem estuda para a prova não consegue reconfigurar as redes neurais de seu cérebro.

Consegue, isso sim, tal e qual a tapeçaria de Penélope, manter as informações de forma instável e insegura tempo suficiente para fazer a prova e, em seguida, APAGA TUDO!

– Como fazer, então?

Vejamos no próximo capítulo.

35 A rigor, a quase totalidade!

EM BUSCA DA INTELIGÊNCIA

Que angustiante contraste entre a brilhante inteligência das crianças e a fraca mentalidade do adulto médio!

Sigmund Freud (1856-1939)

Durante muitos anos tentei entender como funciona nosso cérebro. Afinal de contas... o que é "pensar"?

Como professor, sempre fiquei intrigado tentando entender o que se passa no cérebro quando meu aluno está pensando e, principalmente, quando está aprendendo.

Por outro lado, desde criança, sempre fui fascinado por robôs e inteligência artificial.

Aos 7 anos de idade, sorrateiramente, desmontei a caixinha de música do cofrezinho onde minha mãe guardava algumas joias.

Nunca vou esquecer a sensação maravilhosa de descobrir um cilindro cheio de pinos que girava acionado pela mola tensionada pelo fato de "dar corda" com uma chave.

O cilindro girava, e os pinos, localizados e espaçados de forma adequada, percutiam barrinhas de aço de tamanhos diferentes, e cada uma delas vibrava emitindo uma nota.

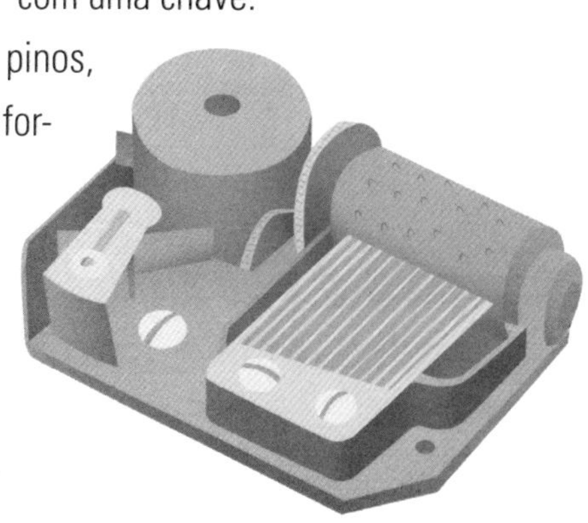

Percebi, pela primeira vez em minha vida, o conceito de "programação". Foi uma verdadeira epifania!

Se eu conseguisse mudar a posição dos pinos, poderia fazer a caixinha tocar uma música diferente!

Daí a pensar em um Pinóquio cujos fios fossem acionados por algo equivalente ao cilindro da caixinha musical foi um passo. A ideia foi evoluindo, o comando dos fios passou a ser interno. Puxar os tendões de um pé de frango para ver os artelhos se fecharem foi certamente muito inspirador.

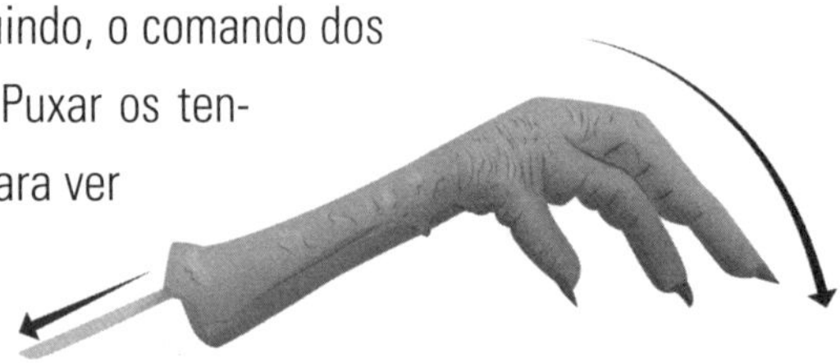

Meu robô estava quase pronto. Mas algo me incomodava: a rigidez da programação. Minha marionete poderia até dançar ao som de uma música que ela própria estaria produzindo (nessa altura a caixinha de música e o robô estariam em um único mecanismo: isso sim é que é convergência tecnológica!), mas seria sempre a mesma música e a mesma coreografia, a menos que fosse mudado o próprio mecanismo de comando.

Frustrado e sem ideias novas, abandonei o projeto.

Uns dez anos depois, ao passar por uma galeria de lojas

(uma espécie de "protoshopping") que ficava nos fundos da Biblioteca Municipal de São Paulo, da qual eu era assíduo frequentador, me deparei com um estranho equipamento montado no corredor principal.

Um monte de caixas coloridas empilhadas, formando uma parede que mais parecia um quadro de Mondrian, cada qual com plugues, botões e mostradores.

As caixas estavam interligadas por cabos muito parecidos com os que eram utilizados pelas telefonistas antes de serem inventadas as centrais automáticas.

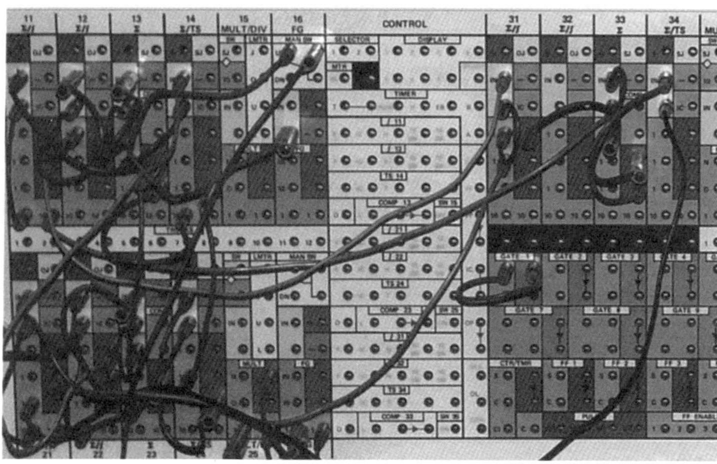

Era um computador analógico!

É óbvio que passei horas "alugando" o pobre engenheiro texano que havia sido escalado pelo consulado norte-americano para demonstrar a última palavra em "cérebros eletrônicos".

Até hoje lembro minha imensa satisfação ao ver sendo plotado, no fim de toda a sequência de conexões, o gráfico das oscilações da suspensão de um veículo depois que eu havia, com a indispensável ajuda do texano, dimensionado molas e amortecedores.

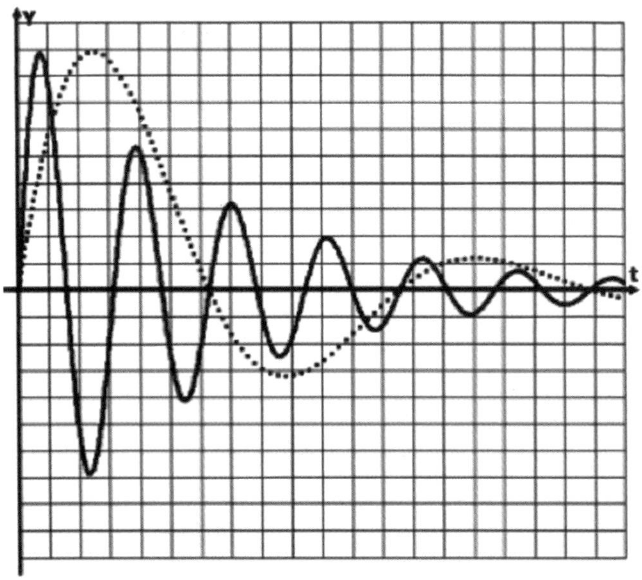

Aliás, nunca vou esquecer esse engenheiro dotado de paciência quase beneditina para me explicar em um português horrível (não que seu inglês fosse muito melhor, afinal era texano) que as caixas eram "duras" e os cabos, cuja configuração determinava o programa a ser executado, eram "moles". Ele chamava a parte "dura" de HARDWARE e a parte "mole" de SOFTWARE.

O tal computador analógico era muito mais sofisticado do que a caixinha de música de minha mãe, mas, no fundo, não era mais inteligente.

A caixinha de música era PROGRAMADA. A única vantagem do computador analógico é que ele era PROGRAMÁVEL. Mas... ainda faltava algo. Uma meia dúzia de anos se passou e, de repente, vi-me na Faculdade de Higiene e Saúde Pública da USP perfurando cartões para programar um IBM caríssimo e enorme (tinha a gigantesca memória RAM de 16 kbytes!).

A linguagem era o FORTRAN (FORmula TRANslation), muito útil para problemas matemáticos e estatísticos.

Ao aprender o FORTRAN, no que foi o primeiro e único curso de computação que fiz na vida, deparei com uma novidade: a instrução **IF** (SE).

Oba! Mais um passo na busca do que eu procurava: a chave da inteligência.

IF significa a possibilidade de tomar decisões. Se, no meio da execução, determinada condição for preenchida, a sequência de tarefas tomará um dado rumo. Se não for preenchida, o rumo será diferente.

Essa flexibilidade se aproxima um pouco mais da flexibilidade de um ser vivo dotado de neurônios.

Na realidade, o comando **IF... THEN... ELSE** é a chave de qualquer linguagem de programação.

Certa vez, um ouvinte do programa de informática que meu amigo Tarcísio de Carvalho e eu fazemos pela rádio perguntou:

– A planilha eletrônica Excel permite que se escrevam programas?

Olhei para o Tarcísio, que estava em frente ao outro microfone do estúdio, e perguntei:

– Nas células do Excel dá para colocar algum comando do tipo IF (SE)?

– Claro! – respondeu Tarcísio. – Foi assim que fiz aquele software para calcular a data do carnaval.

Meu caro ouvinte – eu então disse falando ao microfone –, você acaba de ouvir o professor Tarcísio confirmando, o Excel com certeza é uma linguagem de programação!

Mas... será o IF suficiente para explicar o que se passa na cabeça de um de meus alunos?

Com linguagens de programação cada vez mais poderosas e sofisticadas, começaram a ser criados aplicativos de Inteligência Artificial (AI – Artificial Intelligence).

De repente, comecei a ver programas de compras para reposição do estoque de farmácias, por exemplo, alterarem seus critérios em função da época do ano! Ano após ano, o *software* APRENDE que no inverno, por exemplo, a procura por antigripais aumenta.

O Google, esse fantástico mecanismo de busca da internet, por exemplo, torna suas pesquisas cada vez mais rápidas, específicas e inteligentes utilizando algoritmos de inteligência artificial e ajustando-se em função dos resultados de pesquisas anteriores.

Ou seja, os programas de AI aprendem apoiando-se em experiências anteriores.

Será esse o segredo? Aprender baseado em experiências anteriores?

Se meu aluno, ao colocar o dedo na tomada, levar um choque e, repetindo a experiência, levar mais um, com certeza vai aprender a não enfiar mais o dedo onde não deve!

Mas isso não é inteligência, não no sentido que eu procurava. Isso é condicionamento, fenômeno estudado por Pavlov há mais de um século.

Nenhum professor que se preze usaria esse fenômeno para instruir seus alunos. Isso não é ensinar... é adestrar!

Minha busca continuou. O que é PENSAR? O que é INTELIGÊNCIA? As definições da psicologia não conseguiam me satisfazer por um motivo muito simples: todas elas definem INTELIGÊNCIA pelas suas consequências, mas não especificam as causas.

Meu sonho de infância era construir um robô, e não entender o comportamento de um robô já construído.

Finalmente, já cinquentão, vi uma luz no fim do túnel.[36]

---

36 Não foi o cérebro positrônico do Asimov. Este, infelizmente, ainda está no campo da ficção.

Fui convidado para lecionar Técnicas Avançadas de Processamento de Dados na Universidade Santa Cecília, em Santos (SP).

Recebi do Jadir, coordenador do curso de Engenharia da Computação, a seguinte missão: "Não se preocupe com o passado ou com o presente. Prepare esses jovens formandos para o futuro".

Foi como convidar a raposa para visitar o galinheiro!

Imagine o que é convidar um fanático leitor de ficção científica[37] para falar sobre as possibilidades tecnológicas do futuro.

Arregacei as mangas e comecei a preparar um curso de dois semestres abordando Cibernética, Computação Quântica, Inteligência Artificial e Configuração de Redes Neurais.

E aí, finalmente, achei a resposta!

Como qualquer professor sabe, é extremamente válido o ditado que diz: "A melhor maneira de aprender um assunto é ensiná-lo".

Quando me estruturei mentalmente para fazer meus alunos entenderem o que é a reconfiguração de uma rede neural foi que finalmente entendi qual é o tijolinho elementar que permite construir essa coisa extremamente complexa chamada INTELIGÊNCIA.

A sensação que eu tive foi exatamente a mesma de quando desmontei a caixinha de música de minha mãe.

Meio século depois!

Antes tarde do que nunca!

---

37 Em 2012, na Bienal do Livro em SP, participei de um debate com o único brasileiro que consta da lista dos 20 maiores cientistas da atualidade: o dr. Miguel Nicolelis. É claro que ele também é um apaixonado por ficção científica!

REDES NEURAIS

O cérebro é um órgão maravilhoso: começa a funcionar assim que você acorda pela manhã e não para até que você chegue ao escritório.

Robert Frost (1874-1963)

Agora vou pedir um pouco de paciência e boa vontade por parte do leitor, já que vamos abordar um assunto que pode ser considerado tecnicamente árduo. Apesar disso, é importante que ele seja lido ou até estudado com atenção, pois somente assim pode-se ter uma ideia da incrível complexidade que é o cérebro humano.

Se eu pudesse manusear um único átomo de ouro (Au) de maneira a poder submetê-lo a uma série de ensaios em laboratório, encontraria nele as características do metal ouro?

Pense um pouco.

Claro que não!

As características do ouro são as de um grande conjunto (enorme, diria) de átomos de ouro. Não tem sentido pensar em cor, dureza, ductibilidade, maleabilidade, condutividade elétrica e térmica de um único átomo. Preciso de uma amostra suficientemente manuseável do metal, e esta é constituída de trilhões de átomos.

Ou seja, as características de um conjunto de átomos não são as de um átomo individual, mas sim de um SISTEMA de átomos.

A propriedade de um sistema de elementos que não está manifesta no elemento individual é denominada PROPRIEDADE EMERGENTE.

Olhando no microscópio um único grão de areia, por exemplo, vemos uma forma absolutamente irregular, o pesadelo de qualquer professor de geometria.

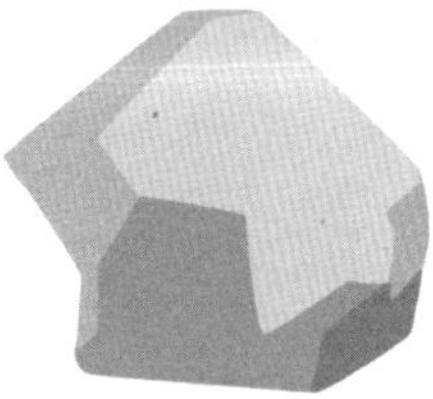

Mas se empilharmos uma grande quantidade de areia seca, a veremos assumir, gradualmente, um formato que se aproxima cada vez mais do de um cone.

A "conicidade", se é assim que podemos chamá-la, é uma propriedade que não estava presente nos grãos individuais.

Ela EMERGE gradualmente da rede de interações[38] que ocorrem entre os grãos na medida em que construímos o sistema.

É bom que fique claro que nem todas as interações, porém, são de natureza física.

Você, como professor, já deve ter se deparado com classes de alunos que, individualmente, são educadíssimos. A classe, no entanto, é infernal!

---

38 Essa rede é que se constitui nas "regras do jogo" de que falávamos no começo deste livrinho.

Ou vice-versa: uma classe de diabinhos que, na hora da aula, se transformam em alunos atentos, respeitosos e inteligentes.

Aonde quero chegar com essa premissa?

Quero que fique bem claro, para o leitor, que NEURÔNIO NÃO PENSA. Quem pensa é o sistema de neurônios denominado REDE NEURAL.[39] O ato de pensar é a propriedade emergente que surge quando se forma uma rede neural.

O neurônio nada mais é do que um interruptor que deixa, ou não, passar um pulso de corrente elétrica.

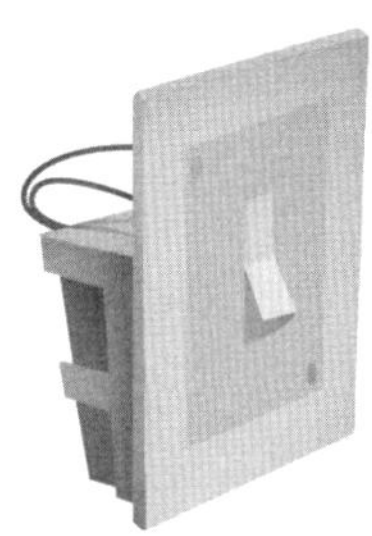

Mas, ao contrário de um simples interruptor de luz que funciona com uma condição **SE** extremamente rudimentar,[40] o neurônio funciona com um **IF... THEN... ELSE** muito mais complexo e, principalmente, RECONFIGURÁVEL! Está certo que no fundo ele não passa de um dispositivo binário, ou seja, deixa ou não passar corrente.

---

39 Há um nome mais adequado que veremos daqui a pouco.

40 **SE** (**IF**) está na posição conectada, **ENTÃO** (**THEN**) deixa passar corrente e a lâmpada acende. **SE NÃO** (**ELSE**) não deixa, e a lâmpada fica apagada.

Ou **SIM** ou **NÃO**. Ou **UM** (1) ou **ZERO** (0).

Muitas pessoas familiarizadas com computação (eu escrevi "computação", e não "informática", cuidado que são coisas bem diferentes) pensam que, em função disso, cada neurônio equivale a um BIT no gigantesco computador biológico chamado cérebro.

Isso faz com que a capacidade de processamento do cérebro humano seja frequentemente subestimada. Afinal, um bit carrega 256 vezes menos informação que um byte, e hoje qualquer computadorzinho tem bilhões de bytes.

Grande engano! A verdadeira carga de informação que o neurônio contém não está no bit que ele transmite, mas sim na complexidade de seu **IF... THEN... ELSE**. Para entender isso melhor, vamos ver mais detalhadamente como um neurônio típico funciona. Olhando para uma figura esquemática de um neurônio...

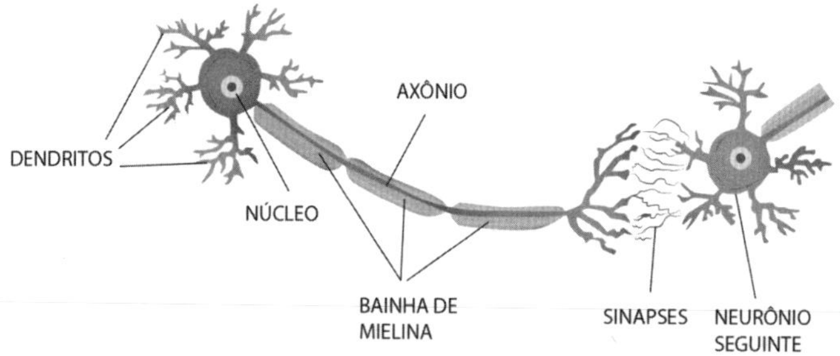

... a parte que mais chama a atenção é justamente a menos importante do ponto de vista computacional: é o "corpo" do neurônio, que é a parte que se encarrega de absorver alimento e oxigênio. Seria, em um computador eletrônico, a fonte de alimentação (note como as analogias são tão frequentes que chegam, quase, a parecer trocadilhos).

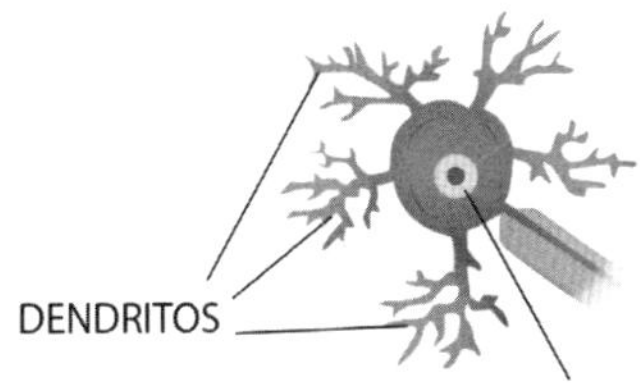

As "ramificações" denominadas dendritos[41] recebem informações de outros neurônios.

Se essas informações preencherem determinadas condições (olha o **IF** aparecendo!), o neurônio dispara um pulso elétrico ao longo do axônio.

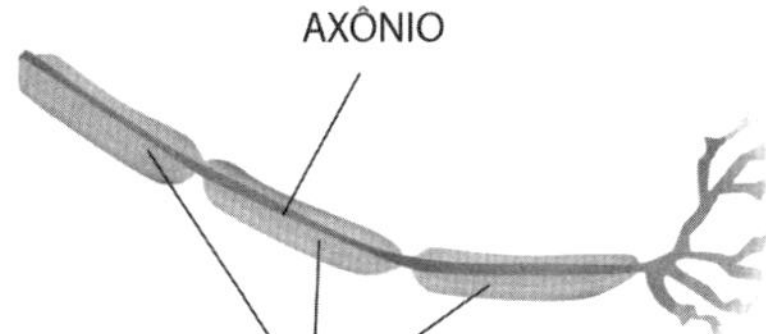

Se o pulso é transmitido, isso corresponde, em código binário, ao bit 1 (um). Se a condição de entrada pelos dendritos não for satisfeita, o pulso elétrico não é transmitido pelo axônio, o que corresponde ao bit 0 (zero).

Como o pulso elétrico que passa pelo axônio não é transmitido por elétrons (como aconteceria em um fio metálico na instalação elétrica de sua casa), mas por íons que se aproveitam da mudança de permeabilidade de sua membrana, a transmissão seria muito lenta. A função da bainha de mielina é justamente

41 Do grego *déndros*: árvore.

criar intervalos nos quais a membrana não está em contato com o meio circundante, tornando a transmissão muito mais rápida.

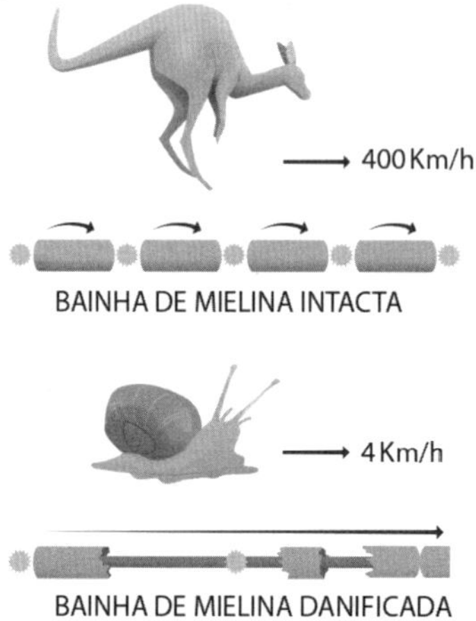

Quando o pulso chega à extremidade do axônio, distribui-se por mais ramificações que estão conectadas a outros neurônios.

Essas conexões é que são o ponto crítico de toda a história.

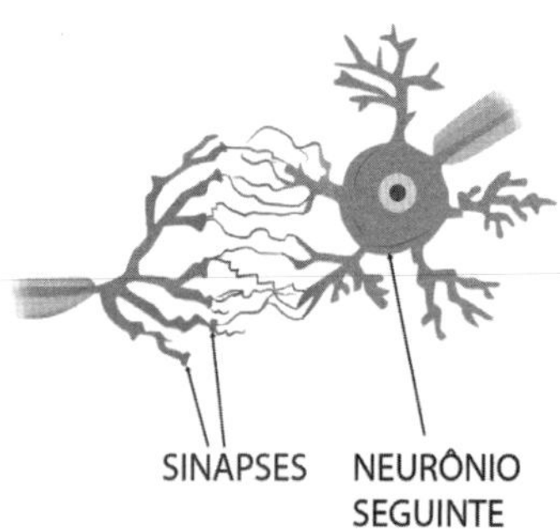

Elas são chamadas de sinapses, e a maioria delas transmite informação de um neurônio ao outro não mais por meio de um sinal elétrico, e, sim, por uma mensagem química.

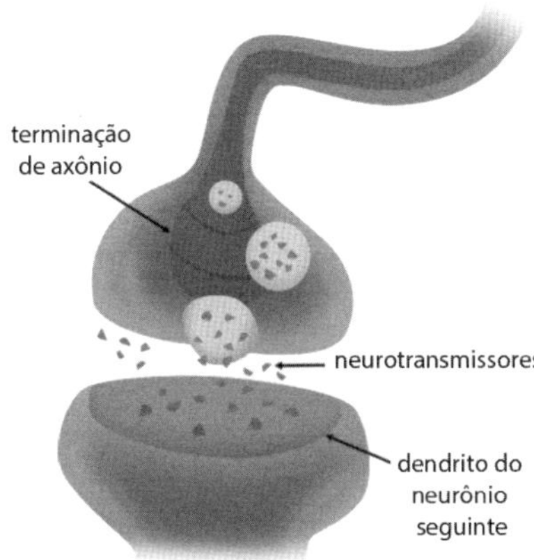

Quando o neurônio que fica "a montante" da sinapse (que vamos denominar de pré-sináptico) dispara o pulso elétrico ao longo de seu axônio, produz a migração e abertura das vesículas sinápticas que contêm substâncias químicas denominadas neurotransmissores.

Eles se difundem através da fenda sináptica atingindo o dendrito do neurônio que fica "a jusante", o neurônio pós-sináptico.

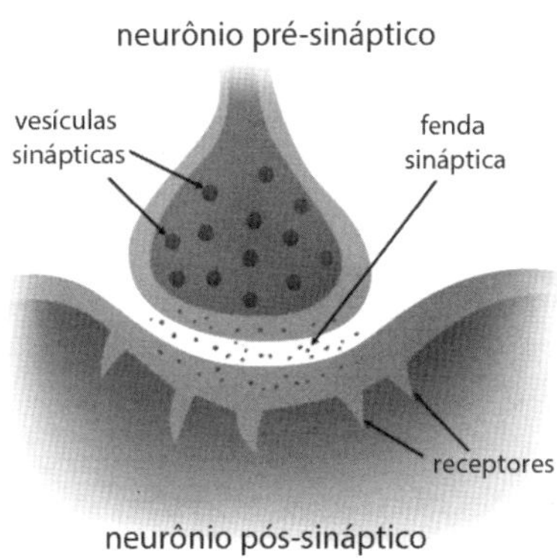

Aberturas na superfície do terminal do dendrito, denominadas receptores, ao serem penetradas pelos neurotransmissores, excitam o neurônio pós-sináptico.

Mas isso não é suficiente para que ele, por sua vez, dispare um pulso iônico pelo seu axônio.

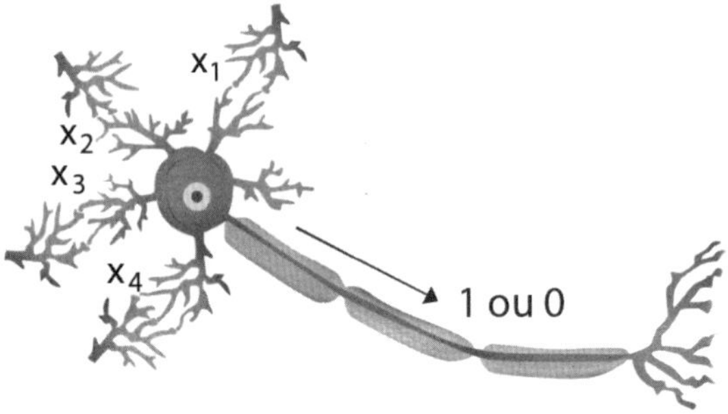

A lógica do funcionamento é a seguinte:

Se a soma de todas as excitações provenientes dos vários neurônios pré-sinápticos que atingem o pós-sináptico ($x_1+x_2+x_3+x_4$) atingir ou superar certa intensidade-limite (L), ele dispara.

Se não atingir esse limite, ele permanece quieto.

Esquematizando um neurônio em linguagem de computação, isso pode ser traduzido por:

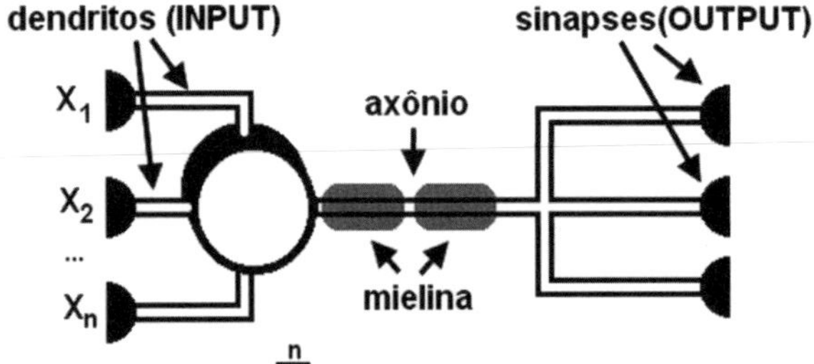

$$\text{IF} \sum_{i=1}^{n} X_i \geq L \text{ THEN 1 ELSE 0}$$

Não parece, mas, assim como os átomos constroem toda a matéria do mundo, essa simples proposição constrói uma mente.

É o átomo do pensamento!

É espantoso como uma regrinha tão simples de funcionamento pode gerar a maravilhosa complexidade de um cérebro.

Vamos tentar entender esse processo de construção um pouco mais detalhadamente.

Imagine uma rede neural de oito neurônios apenas:[42]

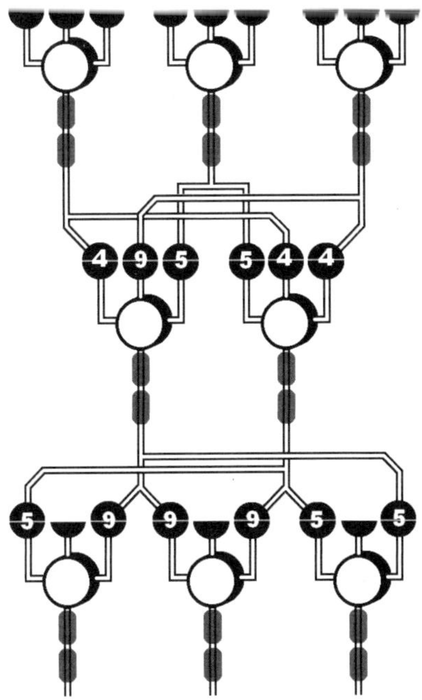

Como vemos na figura, temos uma camada de três neurônios ligada a outra de dois que, por sua vez, se interliga a outra de três.

Sobre cada sinapse, colocamos um número que, em unidades arbitrárias, representa a "força" de cada sinapse,[43] e vamos supor ainda que o limiar de excitação de cada neurônio seja de nove unidades arbitrárias (L=9).

42 Só para se ter uma ideia do quanto estamos simplificando o modelo, na décima semana de gravidez, por exemplo, o embrião humano produz uns 250 mil neurônios POR MINUTO!

43 Proporcional à quantidade de neurorreceptores na sinapse do dendrito.

Os três neurônios da camada superior podem enviar, disparando (1) ou não (0) seus axônios, oito mensagens diferentes:

000, 001, 010, 011, 100, 101, 110, 111.

Se você não está familiarizado com notação binária, sugiro brincar um pouco com a máquina de calcular de seu computador, que deve ter vindo junto com o sistema operacional. Inicialmente, coloque-a no modo científico:

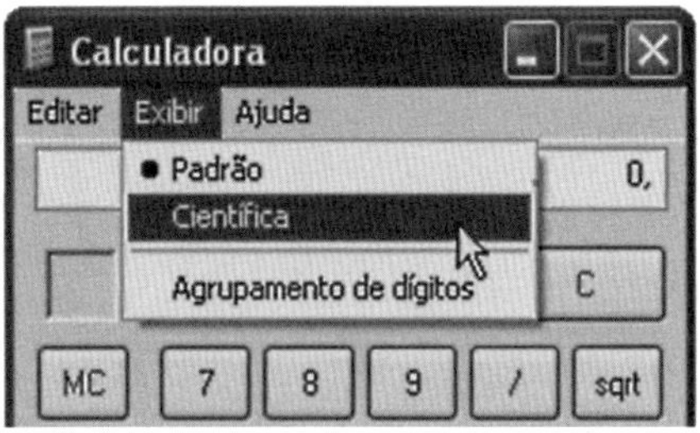

Clique em **Bin** para ativar o sistema de numeração binário (note que só ficam ativas as teclas dos algarismos 0 e 1).

Digite agora uma sequência de 0 e 1, por exemplo, 101:

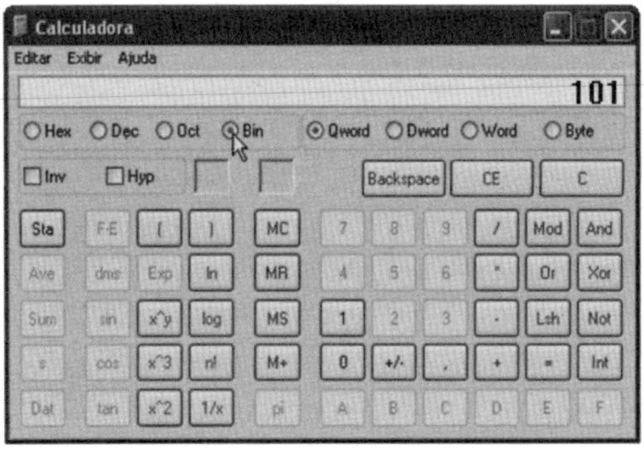

Clique, agora, no **Dec**, e você terá a "tradução" para o sistema decimal ao qual está mais acostumado:

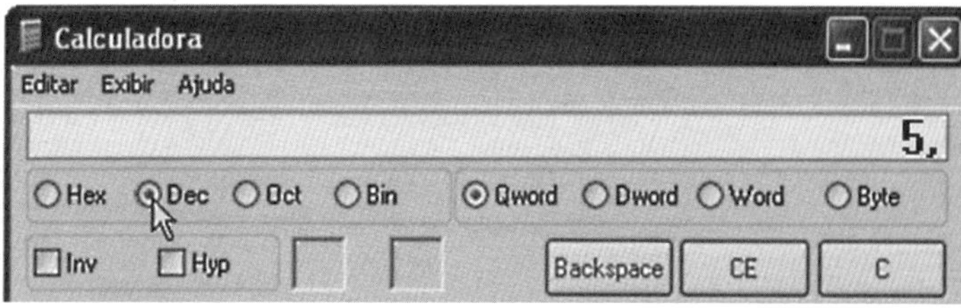

Vamos ver, agora, detalhadamente, o que acontece com os neurônios dessa microscópica rede quando as várias combinações são disparadas pelos três do INPUT.

Acompanhe, minuciosamente, a sequência de disparos.

Lembre-se: um neurônio só dispara interagindo com os que estão a jusante dele se a soma das excitações vindas dos neurônios a montante superar o valor-limite (em nosso exemplo, L=9).

Por exemplo:

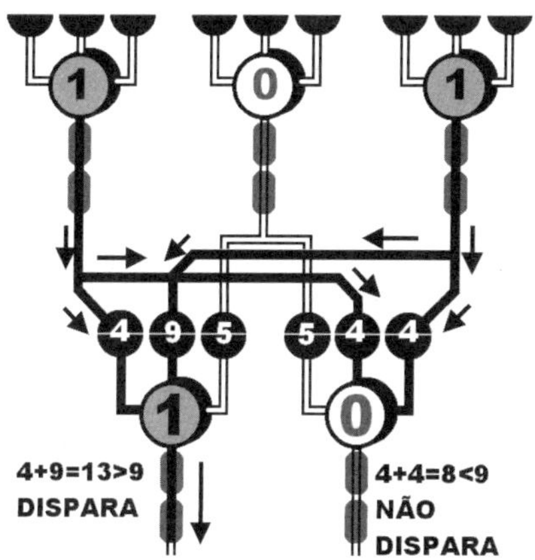

(Por favor, não pule esta parte! É importante que você SINTA quão complexo é o comportamento de uma rede neural, mesmo uma tão absurdamente simples como essa que tem apenas oito neurônios.)

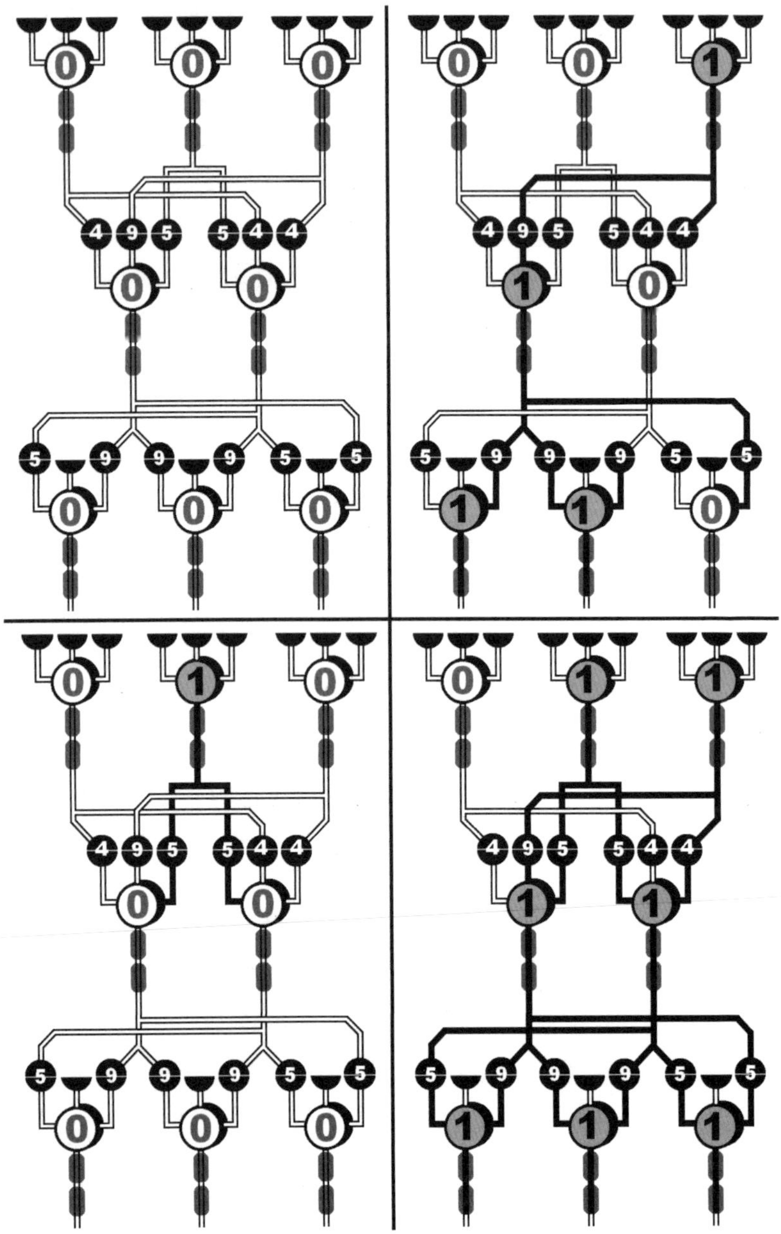

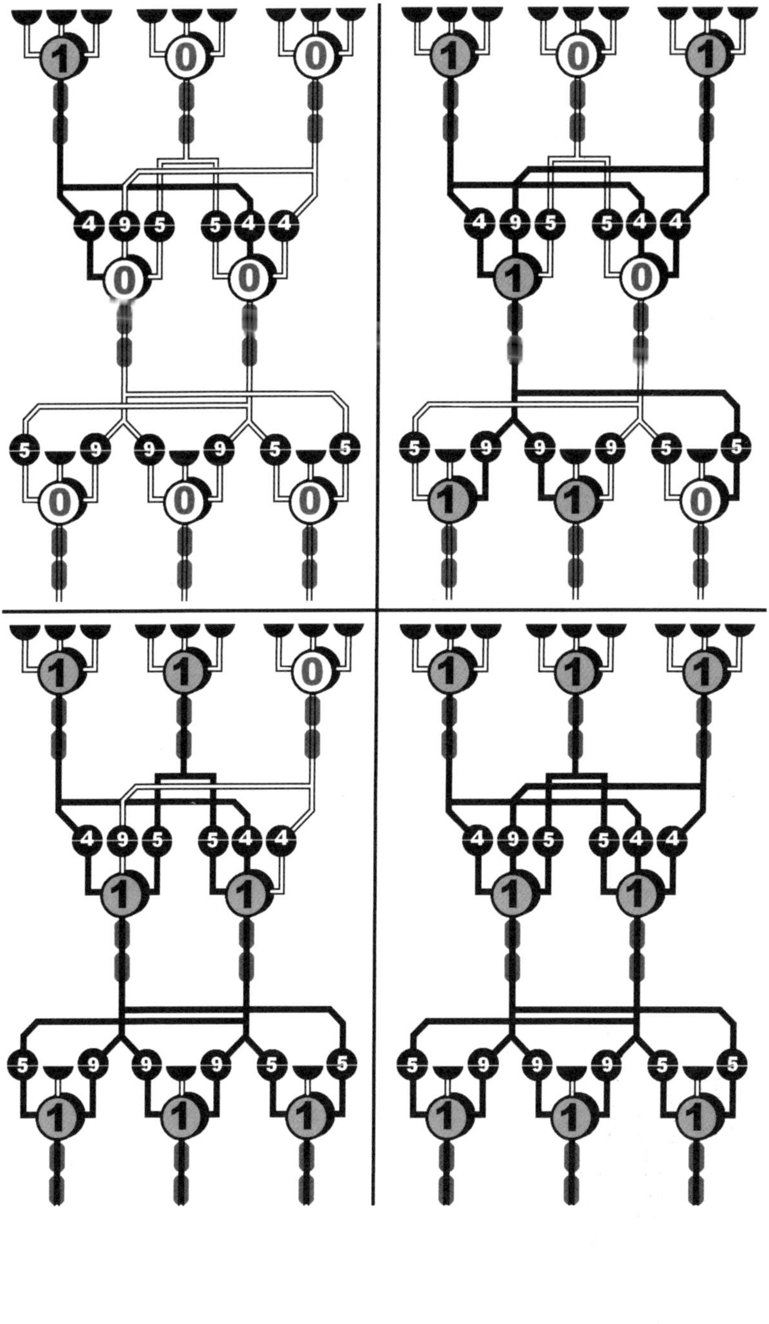

Podemos, agora, montar uma tabela que relacione as entradas (INPUT) com as saídas (OUTPUT).

Nas primeiras três colunas, colocamos os dígitos binários (BIN), e na quarta a notação decimal (D):

INPUT					**OUTPUT**			
BIN			D		BIN			D
0	0	0	**0**		0	0	0	**0**
0	0	1	**1**		1	1	0	**6**
0	1	0	**2**		0	0	0	**0**
0	1	1	**3**		1	1	1	**7**
1	0	0	**4**		0	0	0	**0**
1	0	1	**5**		1	1	0	**6**
1	1	0	**6**		1	1	1	**7**
1	1	1	**7**		1	1	1	**7**

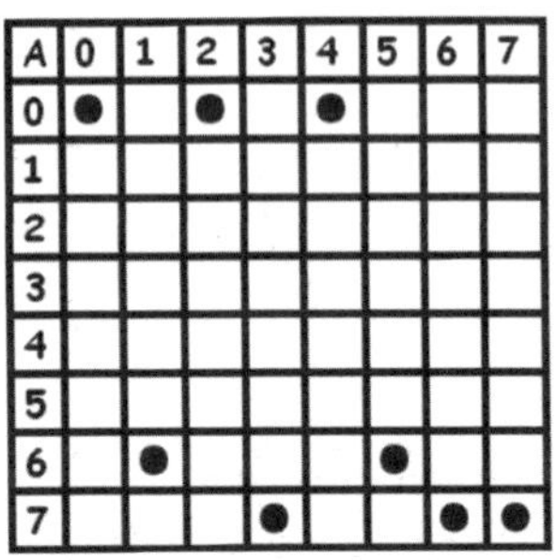

É claro que fica complicado extrair alguma regra a partir de uma simples tabela numérica, mas podemos visualizar melhor o comportamento da saída em função da entrada se construirmos um diagrama parecido com o da Batalha Naval, no qual colocamos o valor da entrada na horizontal e o da saída na vertical.

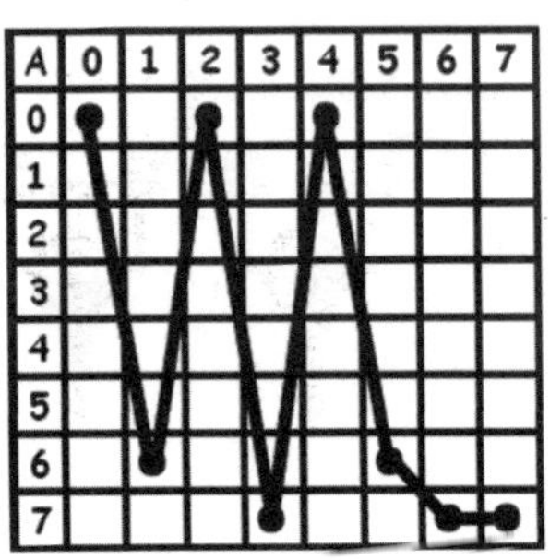

Para facilitar ainda mais a visualização, podemos unir os pontos obtidos por segmentos, como se fosse, por exemplo, um gráfico de comportamento da bolsa de valores.

Agora, chegamos ao ponto-chave que mostra a gigantesca diferença entre computação algorítmica (a usada na maioria dos *softwares* utilizados no mundo) e a de uma rede neural.

Por meio de TREINAMENTO, uma rede neural pode, sem alterar as ligações físicas entre os neurônios, modificar seu comportamento!

Em outras palavras, uma rede neural que executa determinada tarefa pode APRENDER a executar outra.

Como?

Simples: modificando a quantidade de neurotransmissores que atravessam a sinapse quando ela é excitada. Ou seja, mudando a "força" da sinapse.

Veja o que ocorre modificando a "força" de apenas quatro sinapses – assinaladas com asterisco (*) nas figuras a seguir:

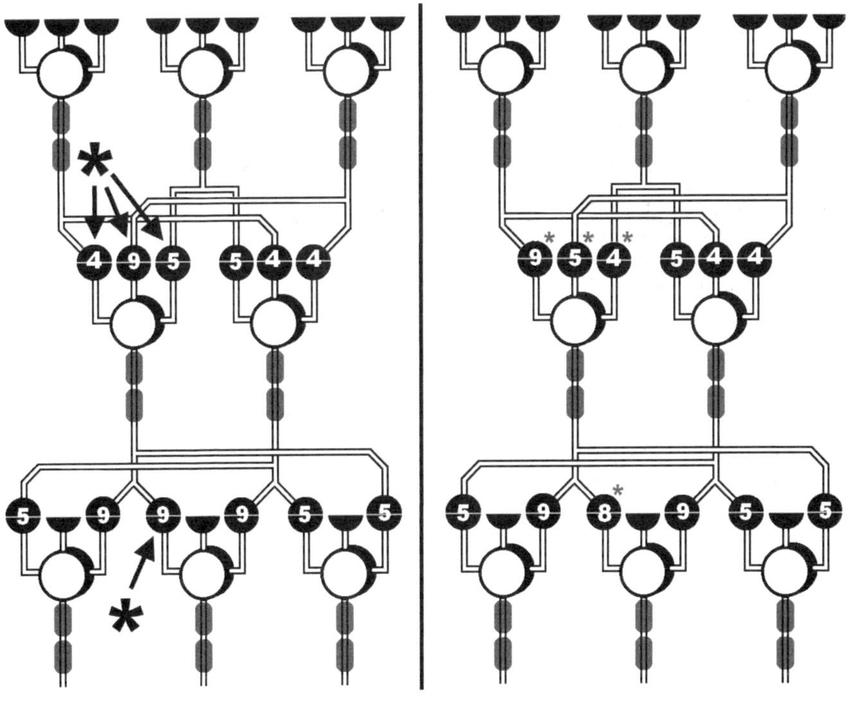

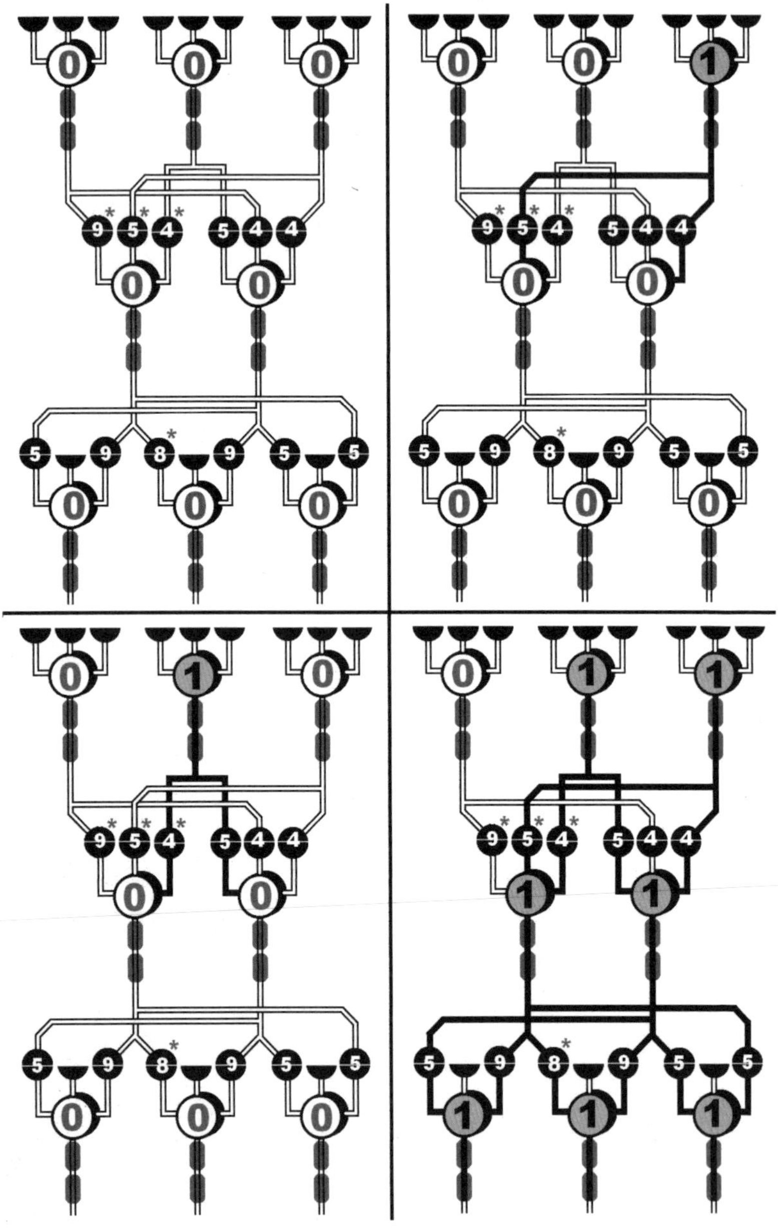

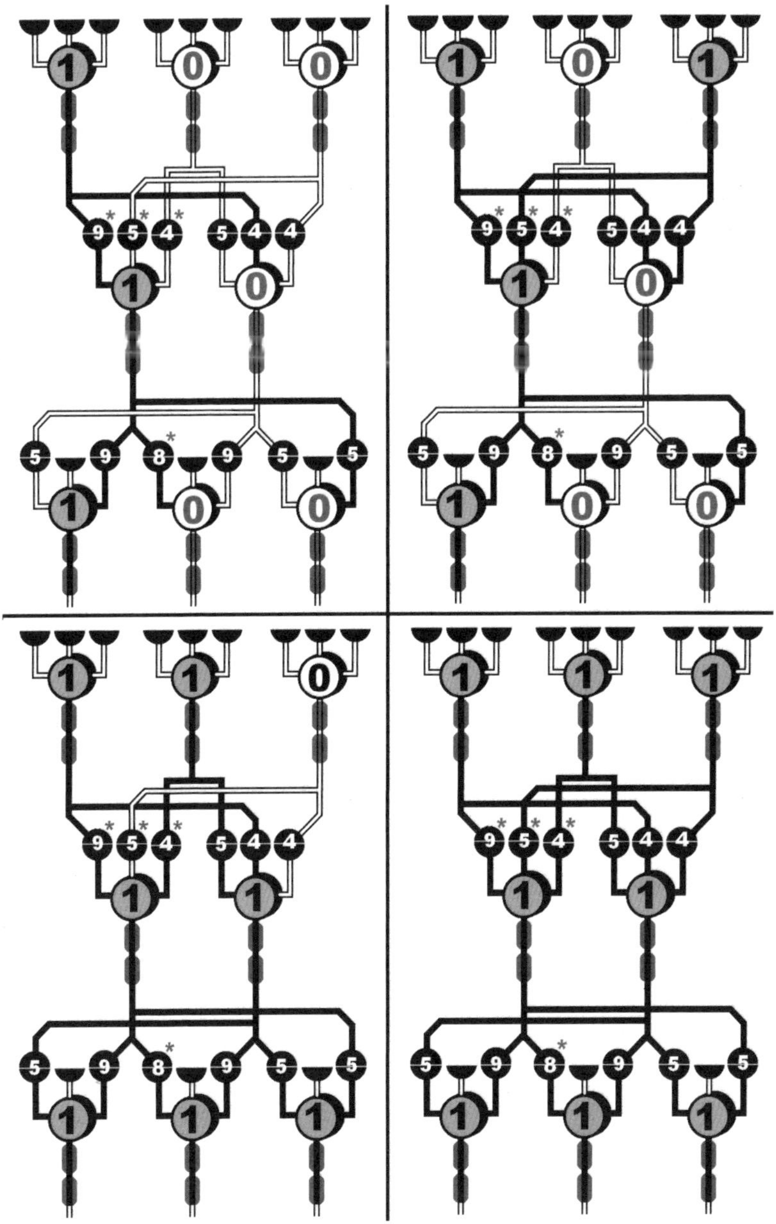

Montando novamente nossa tabela de INPUT e OUTPUT para o novo comportamento, teremos:

INPUT					**OUTPUT**			
BIN			D		BIN			D
0	0	0	**0**		0	0	0	**0**
0	0	1	**1**		0	0	0	**0**
0	1	0	**2**		0	0	0	**0**
0	1	1	**3**		1	1	1	**7**
1	0	0	**4**		1	0	0	**4**
1	0	1	**5**		1	0	0	**4**
1	1	0	**6**		1	1	1	**7**
1	1	1	**7**		1	1	1	**7**

E refazendo o "gráfico da bolsa":

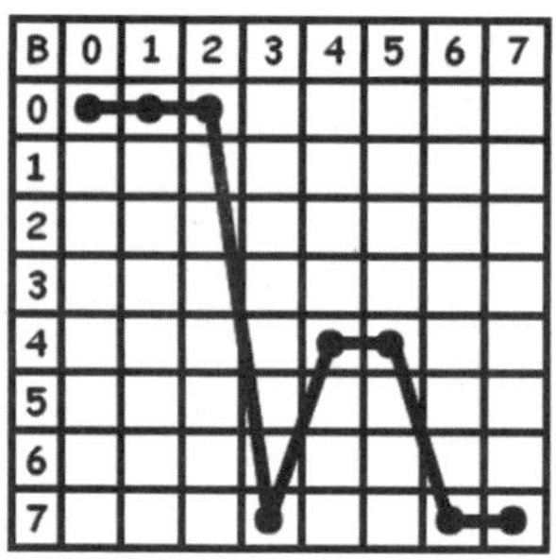

Para visualizar melhor, vamos colocar os dois gráficos lado a lado:

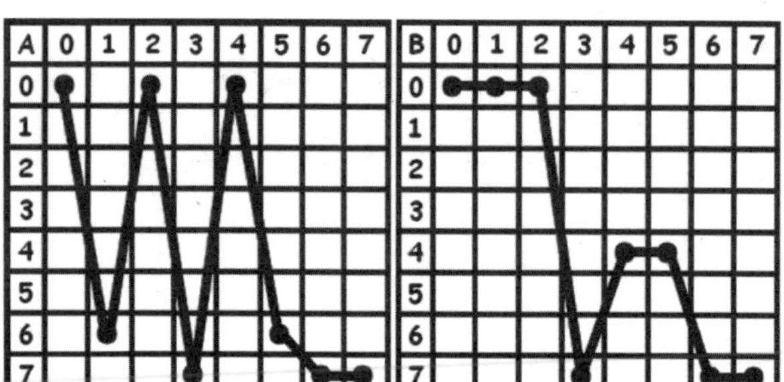

Como pudemos ver, a mudança da "força" de algumas poucas sinapses gera uma mudança considerável no padrão de resposta da rede neural.

Rede neural esta que, mais apropriadamente, deveria ser denominada "rede sináptica", pois é justamente **nas sinapses que se dá o mecanismo do pensamento**.

Se você acha muito ousada essa afirmação, é porque brincou, junto comigo, com apenas oito neurônios!

Tente agora imaginar uma rede com dezenas de milhões de neurônios. Seu grau de complexidade torna-se virtualmente indecifrável.

Só para exemplificar, podemos citar, entre inúmeros casos e experiências, um muito curioso.

Há muitos anos uma empresa de *software* especializada em simular redes neurais em computadores normais[44] foi convocada pelo Departamento de Polícia de Chicago para realizar uma experiência.

A tarefa à qual a corregedoria da polícia se propunha era identificar, com antecedência, quais policiais poderiam apresentar problemas de comportamento profissional.

Foi montado um banco de dados contendo as fichas de todos os policiais que haviam estado na ativa em anos anteriores. Note que o tipo de dados que alimentaram esse arquivo não tinha nenhum julgamento de valor. A massa bruta de informações referentes a cada policial continha desde o número de sapato até quantas vezes havia perdido o distintivo.

---

44 Isso é perfeitamente possível. Se você quiser, pode até montar uma simulação de rede neural em qualquer planilha eletrônica!

Naquele ano, 200 policiais tiveram problemas disciplinares. Pediu-se à rede para que ela os identificasse, e, obviamente, errou todos os 200 nomes.

Após reconfigurar certa porcentagem de sinapses reiteradas vezes, a rede conseguiu identificar alguns poucos nomes. Ela foi informada de quais haviam sido os acertos, e processou-se uma nova reconfiguração. A quantidade de acertos foi aumentando até que, após um longo período de APRENDIZAGEM, a rede finalmente forneceu a lista completa.

Se nesse momento o mais experiente e genial programador de computadores tentasse examinar a "força" das sinapses para identificar quais os dados que a rede considerou mais relevantes e quais foram desnecessários, não teria conseguido nem em um milhão de anos!

Nem a própria rede seria capaz de explicitar esses critérios. O grau de complexidade atinge algo que, em computação, é denominado "infinito prático".

Finalmente, submeteu-se à rede, já TREINADA pela experiência anterior, o banco de dados dos 12.500 policiais que estavam em atividade no momento.

A rede forneceu 91 nomes.

Pois bem, destes, mais da metade já estava inscrita em programas de reciclagem dedicados a policiais com problemas em seu comportamento profissional!

O que a rede fez? APRENDEU![45]

Mutatis mutandi, sabendo que o cérebro humano funciona segundo a mesma lógica, podemos tirar algumas conclusões importantíssimas sobre o processo de aprendizagem.

Todos sabem que não se pode assobiar e chupar cana ao mesmo tempo.

Ou a rede está processando ou ela está sendo reconfigurada.

Ou está lendo o banco de dados e, para cada entrada, fornecendo uma saída; ou, então, está mudando a força das sinapses para poder se adequar cada vez mais ao resultado esperado.

Da mesma forma se comporta nosso cérebro.

Ou estamos utilizando nossas redes, já configuradas, processando o dia a dia, ou estamos com o processamento desligado reconfigurando sinapses DURANTE O SONO.

Isso significa que o processo de APRENDIZAGEM obedece ao ritmo CIRCADIANO.[46]

Baseados nisso, no próximo capítulo vamos estudar as técnicas mais adequadas para aproveitar ao máximo essa característica de nossas redes neurais.

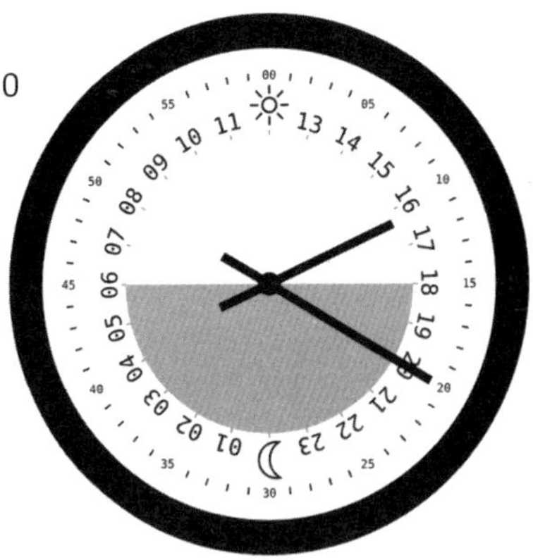

45 Parece até que o pessoal do Google leu a primeira edição deste livro (2009), uma vez que resolveu abandonar os algoritmos de busca e passou a adotar a tecnologia de redes neurais.

46 Do latim *circa diem*, ao redor de um dia, ou seja, um ciclo de aproximadamente 24 horas.

RITMO EFICIENTE

Carpe diem quam minimum credula poster.[47]

Horácio (65-8 a.C.)

Chegamos agora ao ponto mais crítico e, talvez, mais importante deste livro.

A analogia que estou fazendo entre uma rede neural emulada em um computador e as redes neurais de nosso cérebro é válida, mas, obviamente, tem ressalvas.

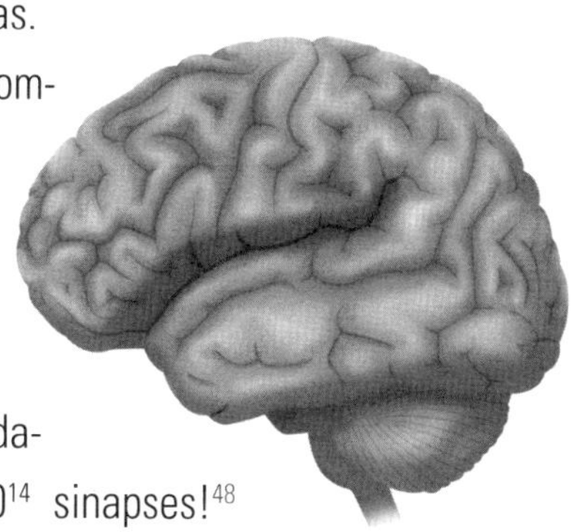

A mais relevante delas é a complexidade do cérebro. Essa complexidade está várias ordens de grandeza acima da mais complexa rede já criada no mundo eletrônico. No cérebro de um adulto, lidamos com algo equivalente a 10^{14} sinapses![48] Esse número, escrito dessa forma, parece não ter muito significado. É difícil perceber o quanto é enorme.

Tente, então, imaginar que você está percorrendo um longo caminho e que cada sinapse de seu cérebro corresponde ao avanço de um milímetro:

47 Colha o dia; confie o mínimo no amanhã.

48 No cérebro de uma criança há uma fase na qual esse número pode ser quase dez vezes maior!

Vamos fazer alguns cálculos:

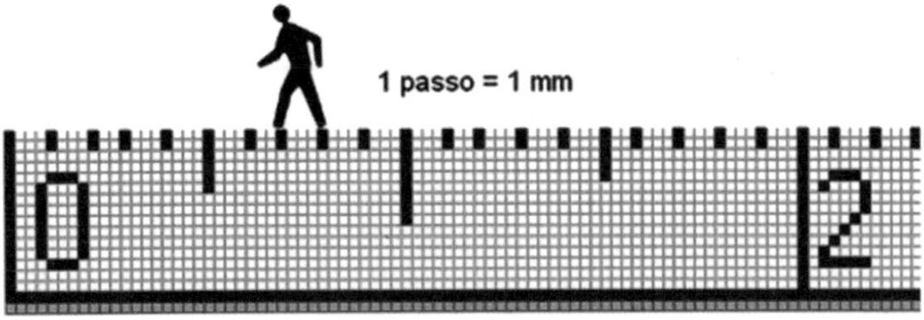

10^3 mm = 1 m

10^3 m = 1 km

10^4 km = ¼ de volta ao redor da Terra

Como $10^3 \times 10^3 \times 10^4 = 10^{10}$, para chegar a 10^{14} devemos multiplicar por 10^4, ou seja, 10 mil.

Isso significa que até completar a "viagem das sinapses", andando 1 mm por passo, você dará ¼ de 10 mil, ou seja, 2.500 voltas ao redor do planeta Terra!

No capítulo anterior, meu caro leitor, eu o obriguei a executar a tarefa enfadonha de acompanhar o funcionamento de oito neurônios em um total de 12 sinapses. Apesar do número reduzidíssimo de sinapses, deu trabalho, não deu?

Agora, imagine o grau de complexidade de uma rede constituída por um cérebro humano, pelo cérebro de seu filho, pelo cérebro de seu aluno!

Rede esta em que um dado neurônio pode se interligar com centenas, milhares de outros.

Para piorar a situação, essa rede sináptica não é estática.

Mesmo depois de quase totalmente estruturada em termos de "fiação", ou seja, quem está ligado a quem,[49] ela é alterada DIARIAMENTE pela mudança da "força" das sinapses.

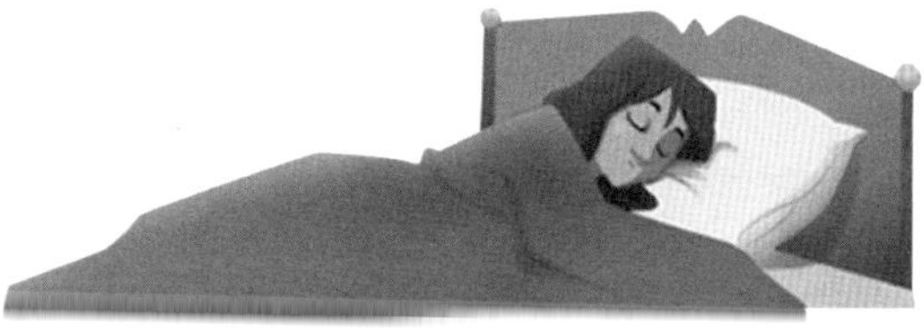

E isso acontece durante o SONO, TODAS AS NOITES!

Repito: TODAS AS NOITES!

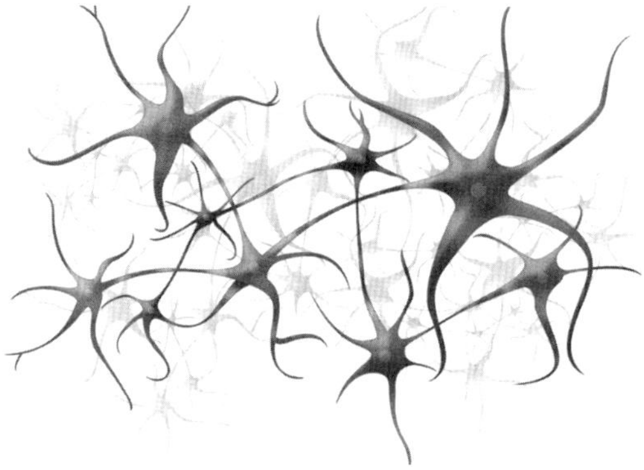

Como já vimos, o ciclo de aprendizagem é circadiano, ou seja, inicia-se e encerra-se em 24 horas.

Se nessas 24 horas três coisas acontecerem, na ordem correta, a pessoa estará subindo um degrau na escada da inteligência.

49 É o que ocorre em torno dos 10–11 anos de idade. É a antiga passagem do primário para o ginásio, marcada, nos tempos idos, pelo famoso "exame de admissão".

Se qualquer uma delas não acontecer ou acontecer na ordem errada, 24 horas da vida dessa pessoa terão sido jogadas na lata do lixo!

Podemos, portanto, dividir o ciclo de aquisição de conhecimento e consequente incremento do nível de inteligência em três fases:

1. ENTENDER
2. APREENDER
3. FIXAR

Cada uma delas é executada em um momento diferente.

Durante uma aula, o aluno passa (ou DEVERIA PASSAR) pela fase do ENTENDER. É nesse momento que ele é motivado, questionado, estimulado. É o momento da descoberta, mas, principalmente, é o momento da conexão entre o novo e o previamente apreendido.[50]

Nesse momento ele não está ESTUDANDO, está ASSISTINDO À AULA.

Ele não está APRENDENDO, está ENTENDENDO.

É como se ele tivesse um quebra-cabeça incompleto em sua mente, e a aula é a peça faltante.

---

50 Este é o ponto-chave: previamente apreendido! Se ele tiver frequentado uma escola que lhe permitiu "tirar nota" por ter estudado na véspera da prova, não haverá chance de fazer essa ligação, e a aula não será entendida.

Receber na aula uma peça solta, sem que o restante já esteja lá, destrói qualquer tentativa de ENTENDIMENTO![51]

Em um segundo momento, ele deve ativar os circuitos que determinarão, durante o sono, a reconfiguração das redes sinápticas.

Quando ele estiver SOZINHO, ele começa (ou deveria começar) a ESTUDAR. Nesse momento, se a aula da qual ele participou foi planejada de forma inteligente, ele terá uma TAREFA a ser executada.

Durante a execução dessa tarefa, ele está preparando os caminhos para transformar "informação" (retida em curto prazo) em "conhecimento".[52]

Note que estou usando o conceito de conhecimento em seu sentido mais amplo, não apenas de aquisição de memórias.

---

51 Esta é a razão pela qual a Matemática é a matéria que mais sofre com a forma errada de se estudar induzida pela pseudopedagogia: não se acumulam pré-requisitos!

52 Nessa fase, o "cansaço" gerado pela intensa utilização de algumas redes neurais utilizadas na execução da tarefa, acaba provocando um crescimento dos dendritos, enriquecendo a possibilidade de novas ligações que serão posteriormente validadas durante o sono.

Um incremento no *cognoscere*, para usar o termo em latim com seu significado mais completo, significa um incremento no nível da inteligência.

Qualquer aula que não implique a execução de uma tarefa inteligente NO MESMO DIA é uma aula fadada a ser esquecida.

Qualquer professor que programe uma aula sem a correspondente tarefa está condenando sua aula a ser esquecida o mais rapidamente possível!

Qualquer escola que não leve em conta a necessidade de a tarefa ser executada NO MESMO DIA está praticando um estelionato educacional![53]

Finalmente, o pimpolho, que assistiu à aula com atenção, participando ativamente, e executou sua tarefa de forma consciente no mesmo dia, vai dormir.

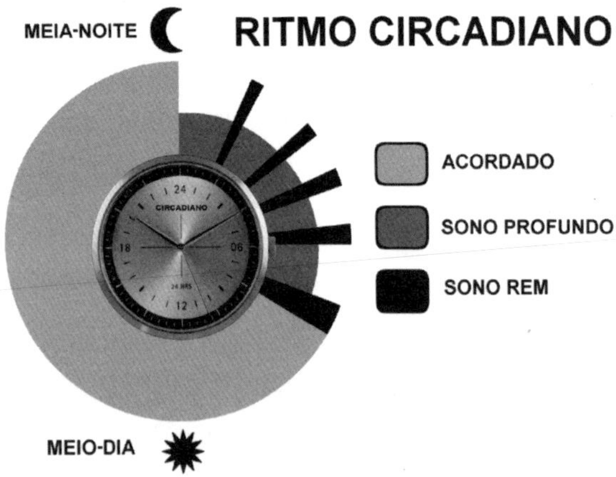

53 Nesse momento, peço desculpas pela enorme quantidade de palavras escritas em maiúsculas e pela ênfase das afirmações, mas creio que, pelo que já expliquei até aqui, o aparente exagero é mais do que justificado.

Durante a noite, o cérebro alterna sono profundo e sono REM.[54]

Durante o sono profundo é como se desligássemos o computador central para podermos fazer a manutenção.

As redes neurais que foram envolvidas na aula (e, principalmente, na execução da tarefa) passam agora por um treinamento de maneira a alterar, de uma forma muito mais complicada do que possamos entender ou até imaginar, a quantidade de neurotransmissores que passam por suas sinapses, aproveitando, inclusive, os novos caminhos propiciados pelo crescimento dos dendritos durante o estudo.[55]

É óbvio que essa intensa atividade gera um ruído. É o que chamamos de sonho.[56]

Essa é a fase da FIXAÇÃO.

E o ciclo ENTENDER-APREENDER-FIXAR, se executado corretamente, obedece a um ritmo CIRCADIANO.

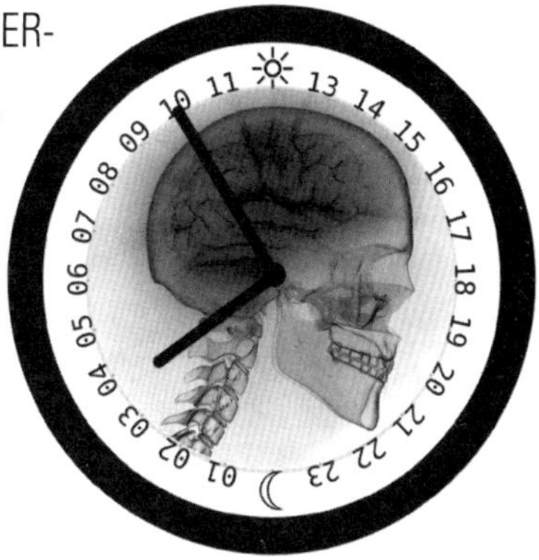

À noite, nós não dormimos para descansar. Dormimos para reestruturar nossas redes sinápticas.

E isso, insisto, acontece TODAS AS NOITES.

54 REM, de Rapid Eye Movement (Movimento Rápido dos Olhos), fase na qual os sonhos são mais vívidos.

55 Repare que escrevi ESTUDO e não AULA.

56 Note que o assunto abordado no sonho não tem, necessariamente, ligação com o conteúdo cognitivo que está sendo integrado à rede sináptica. Que me perdoem os psicanalistas, mas sonho, na maioria das vezes, é ruído.

A pergunta agora é: quão intensa é essa reconfiguração? Em quanto a topografia de nossas redes sinápticas se altera toda noite?

Como nosso cérebro é estruturado para ser eficiente e **estável**, é óbvio que ele tem mecanismos de proteção que impedem mudanças demasiadamente drásticas.[57]

Isso significa que a quantidade de reconfiguração possível de ser executada toda noite é LIMITADA.

Consequentemente, o ritmo adequado de estudo é ESTUDAR POUCO, mas... TODO DIA.

À nossa frente, independentemente da idade, estende-se uma escada que eu costumo chamar de "escada da inteligência".

Cada um de nós, na primeiríssima infância, como veremos mais adiante, determina a altura dos degraus.

Durante uma vida, qualquer pessoa pode subir indefinidamente.

O único problema é que só podemos subir um degrau por dia.

Esta noite, ao encostar a cabeça no travesseiro, pergunte-se:

"Hoje aprendi algumas palavras novas, cujo significado desconhecia ontem?"

"Hoje li alguns capítulos de um livro gostoso e interessante?"

57 O consumo de drogas, que não estava previsto em nosso código genético, induz mudanças muito intensas no mecanismo de alteração da quantidade de neurotransmissores. É por isso que elas geram dependência e, a curto prazo, insanidade.

"Hoje aprendi uma nova técnica matemática para resolver um problema que não havia conseguido resolver ontem?"

"Hoje consegui resolver uma charada, um quebra-cabeça, um caderninho de palavras cruzadas, um problema de xadrez?"

Se a resposta a uma dessas perguntas (ou tantas outras no mesmo sentido) for SIM, você poderá fechar os olhos e dormir tranquilo: durante esta noite, suas redes sinápticas serão reconfiguradas e, amanhã pela manhã, você vai acordar um degrau acima.

Se a resposta for NÃO, você acaba de desperdiçar um precioso dia de sua única vida – um dia que nunca mais vai voltar!

RITMO EQUIVOCADO

A senhora impede-se de dormir para aprender filosofia; precisaria, ao contrário, estudar filosofia para aprender a dormir.

Conversa entre **Montesquieu (1689-1755)** e **Madame du Châtelet**[58] **(1706-1749)**

Uma das frases que mais ficaram marcadas em minha mente, num dos raros momentos em que achei que a universidade me ensinava algo, foi dita por um professor de psicolinguística:

"O homem não fala porque pensa... ele pensa porque fala!"

Realmente, se considerarmos nosso cérebro um sofisticado e poderosíssimo computador, podemos pensar que, como em um computador eletrônico, as tarefas só serão executadas se estiverem sendo rodados um ou mais programas.

Quando eu quero escrever um programa para que ele seja executado em meu computador, devo utilizar determinada linguagem de programação.

Nesse contexto, o termo "linguagem" é usado metaforicamente, uma vez que eu não estou conversando com o computador, mas

58 Matemática e física francesa que, contradizendo Newton e Voltaire, demonstrou que a energia cinética não é proporcional à velocidade, mas, sim, ao seu quadrado.

apenas me limitando a escrever uma sequência de ordens (uma das quais pode ser o nosso velho conhecido **IF... THEN... ELSE**).

No caso de nosso cérebro, porém, o termo "linguagem" está lá em seu significado pleno: o idioma que falamos e a forma como ele foi adquirido é que programam nossa mente ao executar a tarefa de PENSAR.[59]

Baseado nisso, por anos utilizei tal conhecimento em minhas aulas, principalmente nas de Física.

Jamais disse, por exemplo, "*... um corpo cuja aceleração vale 4 m/s²...*", como, aliás, fazem 99% dos professores de Física deste país.

Sempre tomei o cuidado de dizer: "*... um corpo, cuja velocidade é afetada por uma aceleração de 4 m/s²...*".

A frase ficou mais longa, mas o aluno, mesmo que em um nível subliminar, absorve a informação de que a aceleração não é uma característica do corpo em si, e, sim, de sua velocidade.

Também sempre evitei frases do tipo: "*... um corpo exerce uma força de 30N contra uma parede...*".

Sempre me policiei para que a mesma frase fosse enunciada desta forma: "*... um corpo TROCA uma força de 30N com uma parede...*".

Parece bobagem, mas, depois de ouvir várias vezes esse tipo de frase, o princípio da ação e reação torna-se quase autoevidente!

Ao encontrar qualquer ex-aluno meu, comece a frase: "*O homem que fala errado...*", e tenho quase certeza de que ele a completará: "*... pensa errado!*".

---

59 Na famosa técnica da "programação neurolinguística" há algumas afirmações duvidosas, mas muitas têm um fundo de verdade!

Se você é professor, faça uma autoanálise para ver até que ponto a maneira como se comunica com seus alunos pode induzi-los a equívocos ou a uma correta compreensão.

Eu já vi, por exemplo, muitos professores de Biologia ensinando Darwin e falando como se fosse o próprio Lamarck!

Pois bem, um dos grandes, gigantescos e absurdos equívocos cometidos no sistema escolar brasileiro é causado por uma armadilha linguística: achar que "ASSISTIR À AULA" e "ESTUDAR" sejam a mesma coisa![60]

Já tive diálogos surrealistas com alunos que afirmam:

– Eu **estudo** de manhã.

– Ah! – respondo eu. – Então, você **assiste à aula** à tarde.

– Não, não, o senhor não entendeu, eu **assisto à aula** de manhã!

– Então, você **estuda** à tarde?

Nesse momento, ele me olha como se eu tivesse sérios problemas mentais e fica intrigado com o sorrisinho irônico em meus lábios.

Se for um aluno inteligente, ele começa a desconfiar de que está havendo um problema de comunicação. Aí, obviamente, eu explico que ASSISTIR À AULA e ESTUDAR são duas atividades bem diferentes.

Quantas vezes já corrigi mães que diziam frases do tipo: "Minha filha estuda de manhã e vai para a escola para aprender".

– Minha senhora – costumo dizer –, a senhora cometeu dois erros. A frase correta é: "Minha filha ASSISTE À AULA de

60 Outra armadilha, na qual caio intencionalmente para ser mais bem compreendido, é a de confundir sistema escolar com sistema educacional. Professor não é educador; educador é o ambiente familiar.

manhã e vai para a escola para ENTENDER. Ela ESTUDA à tarde e vai para casa para APRENDER!".

Essa armadilha, por incrível que pareça, distorce completamente a pedagogia brasileira. Se você estiver conversando com pseudopedagogas formadas no Brasil[61] e colocar a seguinte questão:

– A escola X precisa melhorar. O que fazer?

Em 99% dos casos ouvirá planos mirabolantes sobre como MELHORAR AS AULAS, UTILIZAR NOVOS RECURSOS, RECICLAR OS PROFESSORES, TORNAR AS AULAS MAIS INTERESSANTES, e assim por diante. Quase ninguém se faz a pergunta-chave:

– Os alunos estão estudando SOLITARIAMENTE, todos os dias? E quando eu formulo essa pergunta, normalmente recebo um olhar resignado e a resposta:

– Pois é, professor Pier, está difícil. A gente não consegue convencer esses diabinhos...

As pessoas acham que a AULA é a principal atividade de uma escola e que a tarefa é um simples complemento que pode ou não ser cobrado de forma mais ou menos enfática.

Trágico erro!

Se a tarefa não for proposta e executada no mesmo dia, mais tarde, naquela mesma noite, o cérebro do aluno dificilmente treinará suas sinapses de forma adequada de maneira a reconfigurar caminhos que representem um acréscimo em seu nível de inteligência.

A tarefa não é um complemento da aula. A aula é que é um preparo para a tarefa!

A aula é uma atividade secundária.

A atividade principal é a tarefa!

---

61 E não só no Brasil; em Barcelona também!

O importante não é **assistir**, é **estudar**!

Conta a lenda que, quando o produtor da primeira versão do filme *King Kong* [62] solicitou verba ao diretor do estúdio, este, assustado com um orçamento maior que o usual, pediu para dar uma olhada no roteiro.

– Fantástico! – dizem que exclamou. – Esse filme vai fazer sucesso. Pode tocar o projeto, a verba está liberada!

Todo feliz, o produtor ia saindo do escritório do *big boss* quando ele o chamou:

– Espere aí. Uma sugestão!

– Pois não, chefe – retrucou o produtor feliz. E aí veio a frase lendária:

– O roteiro está muito bom, mas faça uma pequena mudança... **TIRE O MACACO!**

Quando visito escolas para fazer minhas palestras, costumo perguntar como andam as coisas:

– Vocês se adaptaram bem ao nosso sistema de ensino?

– Ah, professor, o primeiro ano foi um pouco complicado, mas agora está tudo correndo às mil maravilhas!

– E os pais, estão gostando?

– Muito! A escola virou referência de qualidade na cidade!

– E os alunos, estão estudando todo dia?

– Pois é, professor Pier, está difícil. A gente não consegue convencê-los.

---

62 Na versão de 1933, o que mais fez sucesso foi a animação *quadro a quadro*, justamente um dos fatores do aumento não usual do orçamento.

E, nesse momento, cá com meus botões, eu penso: "**TIRARAM O MACACO!**".

O equívoco é reforçado pela pouca importância que os professores e coordenadores dão à tarefa de casa, que, como já disse, é encarada como um simples e até opcional complemento do "momento sagrado" que seria a aula.

Para piorar a situação, a escola joga a responsabilidade para a família, que, por sua vez, responsabiliza a escola em um jogo de empurra-empurra no qual o único prejudicado é o aluno, que não recebe a orientação adequada.

E, nesse momento, vem o segundo gigantesco equívoco.

Achar que um BOM ALUNO é o que tira BOAS NOTAS.

Antes de terminar este capítulo, vou me permitir reproduzir, com a autorização da remetente,[63] um e-mail que recebi.

A Paula é uma moça que não me conhece pessoalmente e que nunca assistiu a nenhuma de minhas palestras. Por um acaso encontrou o APRENDENDO INTELIGÊNCIA em uma livraria de Salvador (BA) e fez questão de me enviar um e-mail.

---

63 Cujo sobrenome ocultei por uma questão de privacidade, apesar de ela ter me autorizado a publicar o e-mail integralmente.

Agradecimento Caixa de entrada | X

Paula ▇▇▇▇ par mostrar detalhes **10/12/08** Responder

Prof. Pier, em primeiro lugar, gostaria de agradecê-lo pelo excelente trabalho que realiza. O livro Aprendendo Inteligência, proporcionou-me muitas descobertas (que posso ser mais inteligente, que estudava de forma errada, mas principalmente, que nunca é tarde para começar a fazer a coisa certa!).

Me chamo Paula ▇▇▇, sou de Salvador, BA, tenho vinte e um anos e, infelizmente, ainda não passei nos vestibulares da UFBA (Universidade Federal da Bahia) e da UNEB (Universidade Estadual da Bahia), para o curso de Direito.

Agora sei porque até hoje não passei: estudei errado a vida toda! Desde pequena, sempre fui a melhor aluna da sala, porém só estudei para tirar boas notas (descobri que nunca aprendi de fato). O resultado foi o fracasso vergonhoso nos vestibulares. Eu não entendia como uma aluna nota 10 pudesse ser reprovada tantas vezes no vestibular (faço vestibular desde 2005,quando terminei o terceiro ano).

Bom, depois de mais uma decepção (que ocorreu semana passada com o resultado da UFBA), fui à livraria Terceiro Milênio, onde faço meditação aos sábados. Enquanto a meditação não começava, olhei alguns livros, mas um em especial me chamou a atenção: Aprendendo Inteligência (parece ser interessante, pensei), e acabei comprando o livro. Então, foi a partir daí que conheci o prof. Pier, que me aconselhou como nunca alguém havia feito antes, e que me mostrou que posso, SIM, ser mais inteligente, através da adoção de hábitos e práticas bem simples!

Enfim prof. Pier, muito obrigada por ter escrito um livro que proporcione "uma luz no fim do túnel", e que provoque uma transformação e um crescimento pessoal.

Tudo de bom para você e sucesso SEMPRE!

Paula ▇▇▇.

Trata-se, obviamente, de uma moça inteligente, bem articulada e que sempre TIROU BOAS NOTAS.

E, segundo ela mesma percebeu, ESTUDOU DE FORMA ERRADA durante toda a sua permanência na escola.

A história de Paula é muito mais frequente do que se imagina: uma ótima aluna e uma péssima estudante! Bacharéis que depois de estudar Direito por pelo menos cinco anos... não conseguem passar no exame da OAB!

Médicos que não conseguem passar no exame de residência[64] ou da especialidade.[65]

Engenheiros que erram nas contas e ficam surpresos quando o túnel desaba!

Alunos egressos de escolas de "primeira linha" que não conseguem passar em um vestibular.

De quem é a culpa?

Certamente não é do aluno! Ele é uma vítima do gigantesco e pernicioso equívoco de se encarar a NOTA como um OBJETIVO, e não como uma CONSEQUÊNCIA.

E, no momento em que a NOTA é a meta a ser perseguida, começa o festival de absurdos que assola nossas escolas.

O aluno percebe que não há necessidade de estudar TODO DIA: basta estudar na véspera da prova!

E, realmente, basta. Se o objetivo for tirar nota, quanto mais em cima da hora ele estudar, melhor.

Assim não dá tempo de esquecer!

Todas as informações ficam retidas, de forma desordenada (a famosa "decoreba"[66]) na memória de curto prazo o tempo suficiente para que uma nota seja obtida.

E depois... o esquecimento total!

---

64 Pasmem! Existem cursinhos para preparar médicos FORMADOS para o exame de residência!

65 Meu cardiologista me contou, indignado, que viu um colega COLANDO na prova para especialista.

66 Que recentemente, ouvi um Ministro da Educação, muito mal assessorado pela pedagorreia do ministério, confundir com memorização.

Agora, eu me pergunto: que raio de reconfiguração de redes neurais ocorreu com essa técnica estúpida, imbecil e INCENTIVADA PELAS ESCOLAS E FAMÍLIAS?

Vários sintomas desse equívoco gravíssimo podem ser detectados no dia a dia das escolas brasileiras.

Um deles é a existência de um disparate chamado CALENDÁRIO DE PROVAS.

A publicação do tal calendário[67] é um convite que diz:

> *"Querido aluno, por favor, não se esforce estudando todo dia. Aproveite sua juventude jogando videogame e fique se imbecilizando no Facebook, no WhatsApp ou outra bobagem até as 3 horas da manhã. Agora que você sabe quando é a prova, basta estudar em cima da hora e levar uma colinha esperta que você tira nota, que no fundo é o que interessa!"*

Outro sintoma é o da mãe que se queixa:

– Essa escola é um absurdo! Marcou três provas no mesmo dia!

O que essa ignara senhora não percebe é que, se o filho dela estudasse para aprender, e não para tirar nota, não precisaria estudar na véspera, e a escola poderia marcar dez provas no mesmo dia!

Outro sintoma foi um com que me deparei quando agendava uma palestra em uma cidade no interior de São Paulo.

---

67 Publicação esta que é uma exigência legal, estabelecida por leis elaboradas por pessoas que não têm a menor noção do que é estudar de verdade.

– Professor, não adianta marcar em novembro porque muitos alunos não vêm mais para a escola: já fecharam!

– Como assim "já fecharam", o que isso significa? – perguntei.

– Já conseguiram a média necessária para passar de ano e não precisam mais assistir à aula.

Perdi o fôlego. É o efeito que o excesso de imbecilidade me causa. Um dia vou morrer do coração ao ouvir um absurdo desse tipo!

E as pessoas acham isso NORMAL!

Esse é o absurdo! Achar que uma obscenidade educacional como essa – o aluno que "fechou" – seja normal!

Pessoalmente, considero que esse talvez seja o maior problema da escola brasileira:

Todo mundo estuda para tirar nota, e quase ninguém estuda para aprender.

ESTUDAR PARA A PROVA é, como já disse, o câncer que corrói nossas escolas.

Se quisermos consertar nosso sistema educacional em curto prazo, teremos de dar prioridade absoluta à criação do hábito do ESTUDO DIÁRIO E SOLITÁRIO.

Sem isso, podemos esquecer a reconfiguração das sinapses e a evolução dos alunos na escada da inteligência.

Quando faço treinamento de professores em minhas andanças por este gigantesco país, costumo dizer:

– Girem 180º! Parem de olhar para a lousa e visualizem o aluno quando está sozinho em casa. É esse o momento crítico!

Como eu gostaria de visitar a escola da Paula para esfregar aquele e-mail na cara das irresponsáveis que quase arruinaram a carreira de sua "melhor aluna". E podem apostar que nas reuniões daquela escola, como na maioria das escolas brasileiras, se discutiam exaustivamente a "proposta pedagógica", o "construtivismo", a "inclusão", as "atitudes proativas", o "estudo do meio", os "parâmetros curriculares", "competências e habilidades" e todos os outros desvairados modismos que assolam nossa pseudopedagogia.

Note que não estou dizendo que esses assuntos não devam ser discutidos, mas só DEPOIS de que o ponto fundamental tenha sido resolvido: ou o aluno ESTUDA POUCO, mas TODO DIA, ou todo o resto não passa de conversa fiada!

A escola ideal funciona como uma valsa bem dançada:

1 – 2 – 3 e sobe um degrau...

1 – 2 – 3 e sobe um degrau...

1 – 2 – 3 e sobe um degrau...

1 – 2 – 3 e sobe um degrau...

... etc.

A escola das pseudopedagogas, pelo contrário, não passa de um capenga forró:

1 - - 3 e lixo...

1 - - 3 e lixo...

1 - - 3 e lixo...

1 - - 3 e lixo...

E, na véspera da prova:

222222222222!

E... LIXO!

Portanto, se você, meu caro leitor, for um professor ou uma pedagoga de verdade, queria lhe pedir um favor:

NÃO TIRE O MACACO!

ESCULPINDO A ÁGUIA

Vidi l'angelo nel marmo e lo scolpii sino a liberarlo.[68]

Michelangelo Buonarroti (1475-1564)

Certa vez um antropólogo canadense, ao visitar uma aldeia de nativos, viu um índio esculpindo um totem. A águia que surgia de um tosco tronco com galhos era tão fantasticamente bem-feita que ele perguntou ao escultor:

– Como você aprendeu a fazer uma obra de arte tão bonita?

– Ora, é simples – respondeu a versão nativa de Michelangelo. – Eu apenas arranco fora do tronco tudo que não é águia, e o que sobra é a águia!

Muito mais coisas são construídas dessa forma do que normalmente imaginamos.

A técnica consiste em partir de uma massa bruta e desorganizada, eliminando gradualmente o que é desnecessário ou irrelevante, até que sobre apenas o essencial. É assim, por exemplo, que todos nós aprendemos o idioma materno.

68 "Vi o anjo no mármore e o esculpi até libertá-lo", em tradução livre.

Quando uma nova palavra surge, ao não saber seu significado, atribuimo-lhe todos.

A nova palavra pode significar qualquer coisa.

Vamos, por exemplo, escolher um termo de uso pouco comum em nosso idioma: OPILIÃO.

Se você perguntar a alguém o que é um opilião, provavelmente receberá como resposta um "não sei". Peça, então, um palpite.

Um verdadeiro universo de possíveis significados surgirá.

Se eu não sei o que é um opilião, ele pode ser qualquer coisa.

Digamos, porém, que você ouça alguém comentando com outra pessoa:

–... aí acendi a luz da cozinha, vi um opilião andando no chão e, mesmo com nojo, pisei nele!

Você há de concordar que uma montanha de possíveis significados acaba de se desfazer em sua mente. Nesse momento, você arrisca um palpite. Dirige-se ao seu culto[69] interlocutor e afirma, solidário:

– Eu também tenho nojo de insetos!

– Mas o opilião não é um inseto. Ele tem oito patas, e os insetos só têm seis! – responde seu culto interlocutor, surpreso com tamanha ignorância.

Mais um pequeno morro de significados acaba de desmoronar.

Mas você não é tão ignorante assim. *Oito patas, hein?! Acha que não sei?*

---

69 Todos concordam que qualquer indivíduo que saiba o que é um opilião deve ter um nível de cultura diferenciado. Eu mesmo não sabia até dez minutos atrás, quando me deparei com um deles na internet!

– Ah, então o opilião é uma aranha!

– Bem, é o que todo mundo pensa! – afirma o culto (e chato) interlocutor. – Mas, na realidade, apesar de ser da mesma classe, dos *Arachnida*, forma uma ordem à parte.

Ótimo: desbastando, arrancando pedaço por pedaço o que NÃO É, acabamos chegando à conclusão do que É!

Essa é a chamada técnica CONOTATIVA.

A técnica DENOTATIVA, ao contrário, é mais rápida e direta, mas não leva a um enraizamento muito profundo em sua mente. Envolve uma quantidade menor de redes neurais e aproxima-se mais da vazia erudição do que da cultura.[70]

Como descobrir, de forma denotativa, o que diabo é esse tal de opilião? Ora, basta entrar no Wikipedia e você terá uma descrição completa e, até, uma imagem.

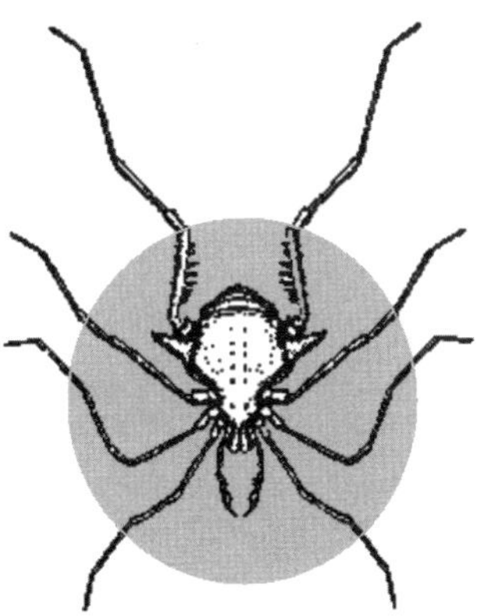

"Os opiliões são invertebrados de oito patas que pertencem à ordem Opiliones, que é a terceira em termos de diversidade da Classe Arachnida, Subfilo Chelicerata, Filo Arthropoda, compreendendo mais de 6.300 espécies descritas em todo o mundo até o ano de 2005. Os opiliões são inofensivos e caracterizam-se pelas pernas

70 Alguém já disse que ERUDIÇÃO é fruto da MEMÓRIA, enquanto CULTURA é fruto da INTELIGÊNCIA.

articuladas excepcionalmente longas em relação ao resto do corpo. Apesar das semelhanças superficiais com as aranhas, com as quais são geralmente confundidos, estes aracnídeos representam um grupo distinto."

– Acho que qualquer professor concordaria que o método conotativo, apesar de mais demorado, contribui mais para a subida na escada da inteligência.

Existem, porém, alguns perigos.

Um deles é a limitação dos "desbastes". Desbastamos somente em um dos lados, e o significado passa a ser limitado.

Por exemplo, todo mundo já leu um anúncio fúnebre que utilize a palavra **féretro**. Veja o texto padrão utilizado por rádios do interior para noticiar um falecimento:

> *XXXXXXXXX, esposa, filhos, nora e netos de XXXXXXX, pesarosos com o seu falecimento, participam que os atos fúnebres terão lugar amanhã, dez horas. O féretro sairá da sala B das Capelas São José, já encomendado para o cemitério público municipal, onde será dado à sepultura. Noticiamos o falecimento de XXXXXXX.*

Pergunte a qualquer pessoa o que é **féretro**.

Você receberá respostas como *o corpo, o caixão, o falecido, o enterro, o cortejo fúnebre* etc.

Quando, na realidade, féretro é o andor, aquela espécie de maca sobre a qual se transporta algo, que pode ser até um caixão fúnebre, mas que pode ser também a imagem de um santo em uma procissão ou até o fruto da pilhagem de guerra que era exibido pelos romanos em seu desfile de triunfo após uma vitória.

Detalhe do Arco do Triunfo de Tito, em Roma (71 d.C.). Soldados romanos transportando, sobre um féretro, o produto do saque do Templo de Jerusalém.

O significado ficou reduzido porque reduzido se tornou o emprego do termo. Os professores cometem muito esse tipo de equívoco.

Por exemplo, ao tentar explicar de forma conotativa figuras geométricas, mostram algo assim:

Apontando sucessivamente para cada uma das figuras, o professor diz: "Isso é um triângulo". "Isso não é um triângulo." "Isso é um triângulo." E assim sucessivamente. Depois, para verificar se o aluno aprendeu, ele pede que, em outra figura, identifique quais são os triângulos.

Há uma grande probabilidade de que a criança só identifique como triângulos os que marquei com as letras A e D, ignorando o B e o C.

Você saberia explicar isso?

Isso mesmo, conotação limitada.[71]

Vamos agora extrapolar esses conceitos para o campo neural.

---

71 Na primeira figura, tudo que foi nomeado como triângulo tinha três lados E A BASE HORIZONTAL! (Obrigado, prof. Renato Romanelli Coelho.)

Até pouco tempo atrás (uns 10 ou 15 anos, talvez), era opinião generalizada que, ao nascer, a carga genética da criança havia estruturado seu cérebro de forma a fazer com que a "fiação" já estivesse pronta.

A função da educação seria, então, a de tentar aproveitar ao máximo o potencial individual que cada um traria, predeterminado pelo seu genoma, desde o parto.

Na realidade, técnicas cada vez mais sofisticadas de monitoramento do cérebro mostram que um bebê, ao nascer, tem aproximadamente 100 bilhões de neurônios interconectados por algo como 50 trilhões[72] de sinapses.

Isso é suficiente para que a criança nasça sabendo respirar, chorar, mamar etc.

Ao longo dos primeiros meses de vida, o número de sinapses tem um crescimento explosivo, passando de 50 trilhões para fantásticos mil trilhões![73]

Durante essa fase, as sinapses que não estão sendo utilizadas são como que podadas, retirando-se o excesso de forma a deixar apenas a fiação essencial.

"Tire tudo que não for águia, e o que sobrar é a águia."

Essa é a técnica com a qual nosso cérebro se molda às necessidades do ambiente.

Nessa fase, a estimulação adequada, com objetos sólidos, sonoros e coloridos (nada de parafernália eletrônica!), é fundamental para a formação de uma "fiação" altamente eficiente.

---

72 Bilhão = 10^9, e trilhão = 10^{12}.

73 Enquanto um adulto, como já vimos, tem algo como 100 trilhões.

O genoma humano não tem, simplesmente, genes suficientes para projetar um cérebro plenamente funcional. O cérebro, então, deve ser moldado por informações não genéticas, ou seja, ambientais.

Devemos fornecer CONOTAÇÃO suficiente, tanto em quantidade quanto em qualidade, para suprir o que o genoma não conseguiu no útero.

O genoma de um patinho, por exemplo, não tem informações suficientes para que ele seja capaz, ao eclodir do ovo, de reconhecer a mãe.

Mas tem o suficiente para que ele adote como mãe o primeiro vulto grande e móvel que estiver perto dele ao sair do ovo.

Como a probabilidade de o vulto ser a própria mãe pata é elevadíssima, isso é suficiente para que esse estímulo permita a sobrevivência do patinho e a propagação do mesmo estímulo para gerações posteriores.

Esse fenômeno é denominado IMPRINTING e valeu, em 1973, o prêmio Nobel ao dr. Konrad Lorenz, que o descobriu.

"Mamãe" Lorenz e seus filhotes.

Na época, esse detalhe pitoresco de um estudo muito mais vasto que deu origem, virtualmente, a uma nova ciência, a ETOLOGIA, deixou os *media* tão impressionados que eles chegaram a colocar, em um desenho animado de gato e rato, um patinho que acaba adotando como mãe o próprio gato!

Estímulos adequados nos primeiros meses de vida são, então, essenciais para o futuro desenvolvimento intelectual da criança.

O aumento explosivo das sinapses e sua posterior poda ocorrem em momentos diferentes nas diferentes regiões do cérebro.

Monitorando essas mudanças, verifica-se que elas coincidem com a aquisição de novas habilidades por parte do bebê.

Sem entrar em detalhes sobre esse sequenciamento, já que esse não é o objetivo deste livro, basta lembrar de que no segundo semestre de vida a energia consumida na formação dos caminhos neurais do córtex pré-frontal consome, no bebê, duas vezes mais energia do que em um cérebro adulto!

Esse crescimento e desbaste frenético vão continuar, em várias partes do cérebro, até uns 10 –12 anos de idade.

Essa é, portanto, uma fase na qual não podemos perder a oportunidade de moldar o tamanho dos degraus da "escada da inteligência" que o bebê galgará durante o resto de sua vida.

Perdendo-se essa oportunidade, em certos casos o efeito é permanente e irrecuperável.

É comum, por exemplo, vermos crianças nessa fase usando um tampão em um dos olhos.

É uma forma de tratamento da ambliopia, na qual o olho bom é tampado para forçar o "olho preguiçoso" a criar sinapses na região occipital do cérebro, onde as imagens são processadas.

O problema não é, necessariamente, no olho em si, mas, sim, na região do cérebro que recebe os estímulos que o olho envia.

Pois bem, dificilmente você verá uma criança já crescida utilizando o tampão. É inútil! A fase da formação e poda de sinapses, infelizmente, já passou. Perdeu-se uma "janela de oportunidade"!

Medite agora sobre tudo o que você viu até aqui e tente responder a estas perguntas:

1. A maior parte das crianças brasileiras tem, nos primeiros meses de vida, um ambiente estimulante em seus lares?
2. Nas escolas brasileiras, os primeiros anos são cuidados pelos profissionais mais capacitados?
3. Há algum mecanismo análogo ao antigo exame de admissão capaz de detectar as crianças que amadureceram o cérebro corretamente e aquelas que necessitam de um atendimento escolar diferenciado por estarem trazendo as sequelas de um amadurecimento deficiente?

Pense um pouco e veja quantas regras do jogo precisam ser mudadas.

CÉSIO-137

Omnibus latuibus vitabus circumimur et obsumus quae licent non nos surgere et tollere oculi nostrum sapienti veritatis sed tenent et nos vinciunt. [74]

Sêneca (4 a. C. – 65)

Como acabamos de ver, podemos considerar que o processo de crescimento da capacidade cerebral, consequentemente o crescimento da inteligência, se dá de duas maneiras complementares.

Na fase de "desbaste" das sinapses, criamos os circuitos neurais necessários para a aquisição da complexidade necessária ao ato de "pensar".

Essa fase ocorre porque a quantidade de bytes de informação contida no DNA não é suficiente para formar um cérebro funcional.

Os bytes faltantes são fornecidos pelo meio ambiente, através da estimulação sensorial.

O processo é literalmente explosivo nos primeiros meses de vida e se reduz gradualmente com o passar dos anos, tornando-se pouco significativo a partir da puberdade.

Como já disse, simplificando ao extremo e tentando quantificar o processo, poderíamos estimar, *grosso modo*, que, enquanto um recém-nascido tem aproximadamente 50 TS (50 terasinapses[75]),

74 Vivemos cercados e atormentados por todos os lados por vícios que não nos permitem surgir e fazer nossos olhos contemplarem a sabedoria da verdade, mas que nos prendem e nos acorrentam.

75 Tera = trilhão.

o suficiente para ter os reflexos básicos necessários à sua sobrevivência, um bebê de 1 ano de vida chega a ter 1.000 TS!

A maneira como esse excesso é desbastado durante os primeiros anos de vida é o que determina a capacidade que esse cérebro terá durante a vida adulta, na qual restam aproximadamente 100 TS.

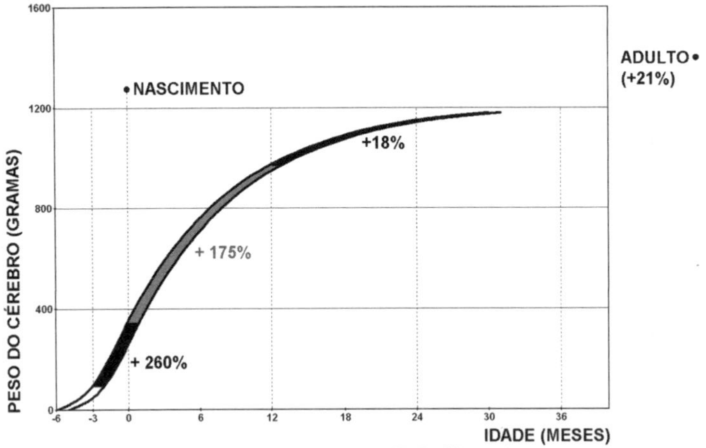

O peso do cérebro praticamente TRIPLICA desde o nascimento até os 24 meses de idade.

É importantíssimo, nessa fase, fornecer estímulos que, quantitativa e qualitativamente, gerem o máximo de complexidade aos circuitos.

É a fase na qual se forma o que poderíamos chamar de "fiação" de nosso cérebro.

Como quaisquer alterações do circuito só podem se dar quando ele não está em uso, elas ocorrem durante o sono.

Basta ver a quantidade de horas que um bebê passa dormindo para perceber a magnitude do processo nessa fase. As poucas horas de aquisição dos estímulos durante a vigília, portanto, são preciosas.

Desperdiçá-las colocando a criança à frente de um televisor ou de um computador passa a ser um verdadeiro crime de lesa inteligência!

Todo filhote de mamífero passa por um processo similar.

Nos filhotes de *Homo sapiens sapiens*, esse processo se prolonga para muito além, em um fenômeno que os biólogos chamam de "neotenia", ou seja, o adiamento da fase infantil para a idade adulta.[76]

---

76 A proporção do tamanho do crânio em relação ao corpo no *Homo* é a mesma que se observa, por exemplo, em outros primatas próximos (chimpanzé, orangotango etc.) apenas na fase infantil.

Isso não significa, porém, que ao atingir a fase adulta nosso cérebro pare de aumentar sua capacidade de armazenamento e processamento.

Ainda podem ocorrer mudanças na "fiação",[77] mas não é esse o motivo pelo qual nossa inteligência tem a capacidade de evoluir indefinidamente.

A segunda fase, que ocorre também desde o começo, mas que se torna mais significativa quando a montagem da "fiação" deixa de ser tão importante, é a da reconfiguração das sinapses, como vimos nos capítulos anteriores.

Essa reconfiguração também ocorre durante o sono, portanto é importante insistir que no jovem e no adulto o ciclo de aprendizagem é DIÁRIO!

Não é semanal, bi ou trimestral... É DIÁRIO! Não se dá na véspera da semana de provas. Dá-se TODO DIA![78]

Pois bem, temos, agora, um conflito!

A "fiação" quer funcionar segundo os esquemas para os quais foi configurada. A educação escolar tenta alterar essa função atribuindo-lhe um esquema mais complexo. É óbvio que ocorre uma resistência que só pode ser vencida de forma muito gradual.

O ciclo diário deve, portanto, fornecer ao indivíduo uma dose adequada de informações durante a vigília. A capacidade que um cérebro tem de transformar (toda noite) a informação em conhecimento é muito, muito limitada.

---

77 Quando, na Argentina, se colocou malabarismo como parte do currículo escolar, verificou-se que mesmo em adolescentes ocorreu um adensamento neural em determinadas regiões do cérebro.

78 Inclusive nos fins de semana e nas férias. As redes sinápticas não descansam.

Se quisermos melhorar o rendimento do sistema escolar, não devemos, de forma alguma, aumentar a quantidade de aulas. Devemos, isso sim, fornecer uma dose que possa ser processada adequadamente durante o sono REM. E para que possa ser adequadamente processada de maneira a tornar a acomodação permanente, é INDISPENSÁVEL que o estudante... estude!

Se não houver um tempo diário de estudo solitário, as aulas tornam-se inúteis.

A evidência de como nosso sistema escolar está sendo gerido de forma equivocada é justamente a valorização quase exclusiva das aulas. Chega-se ao absurdo de avaliar a "qualidade" de um curso pela quantidade de horas-aula que o compõe!

Esse processo se repete nas escolas de tempo integral, como os cursos técnicos integrados, nas quais o aluno obtém um baixíssimo nível de aprendizagem por conta de seu horário, entupido de aulas, que não lhe permite ter tempo para estudar.

Gestores de escolas públicas, que por razões demagógicas e eleitoreiras instituíram o período integral para o ensino básico, não só não se preocuparam em organizar o momento de estudo do aluno como o abarrotaram de aulas e atividades que o ocupam o tempo todo!

O truque para que um indivíduo se torne cada vez mais inteligente[79] é fazê-lo estudar POUCO, mas TODO DIA.

É claro que a proporção da importância da aula e do estudo varia com a idade.

---

79 Em "pedagorreia", diríamos "para que possa assimilar novas competências e habilidades".

Já nos volumes anteriores não me cansei de repetir o velho ditado chinês:

Se imaginarmos um aluno aproximadamente na metade de seu ciclo básico, quando as aulas são mais expositivas, verificaremos a extrema importância do estudo SOLITÁRIO.

Quando a criança é pequena, a atividade em aula praticamente completa o ciclo:

Mesmo assim ele leva uma "tarefinha" para casa (que será feita ANTES QUE SE PASSE UMA NOITE DE SONO, e não na manhã seguinte, senão o ritmo, em vez do 1, 2, 3, torna-se 1, 3, 2, e as 24 horas vão para o lixo!), para que crie o hábito do estudo fora da escola.

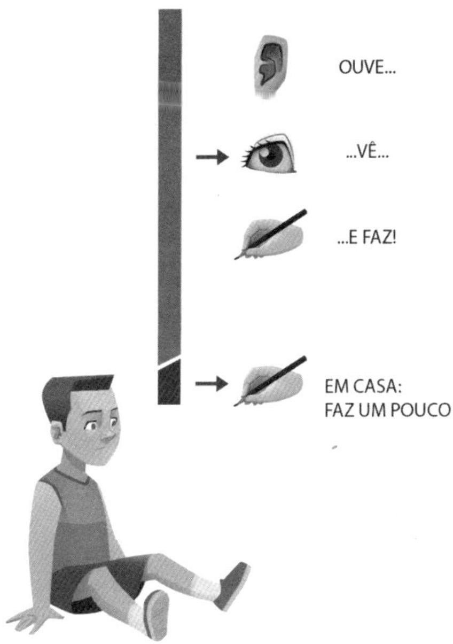

Quando estiver às vésperas da universidade, a aula passa a ter uma importância muito menor. O estudo solitário é que determina o real momento da aprendizagem.

No fundo, essa mudança gradual reflete o que acontece no cérebro do aluno.

No começo é a fase da "fiação". Quanto mais estímulos (NÃO ELETRÔNICOS!!!) ele receber nesse começo, mais rica será a complexidade de sua rede sináptica.

No final do processo, a criação de mais fiação ainda é possível – aliás, ela o é em qualquer idade[80] –, mas o que predomina, agora, é a reconfiguração das "forças das sinapses".

Um processo educacional correto diminui, gradualmente, a importância das aulas, e aumenta, do mesmo tempo, a importância do estudo solitário:[81]

80 Submetendo taxistas de São Paulo a exames de ressonância magnética, nota-se que a área correspondente à inteligência espacial é mais adensada do que a de pessoas comuns. Trata-se de adultos que começaram a trabalhar em um verdadeiro labirinto. O cérebro deles ajustou-se à necessidade. E, obviamente, a tecnologia vai impedir, no futuro, que esse cérebro adquira essa maravilhosa capacidade: é só fazê-los usar um GPS!

81 O grande equívoco da pedagogia brasileira é se voltar quase exclusivamente para a fase em que a aula é importante e esquecer completamente a importância posterior do estudo solitário. Isso faz com que a maioria dos brasileiros pense que "assistir à aula" e "estudar" sejam a mesma coisa!

A esta altura, os professores e as pedagogas inteligentes que estão lendo este livro já sabem aonde quero chegar.

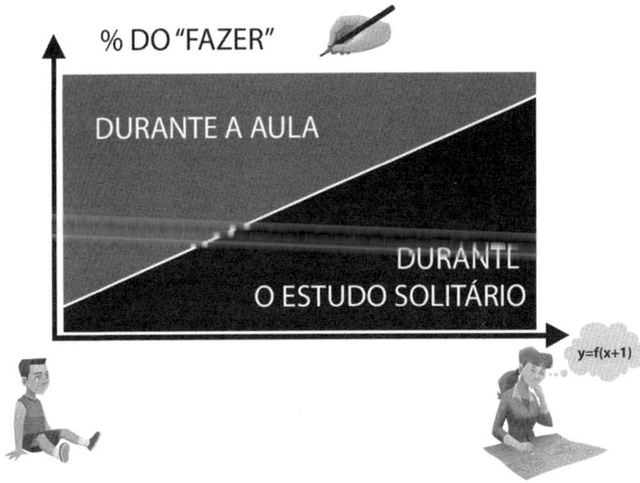

A verdadeira finalidade da escola não é ensinar História, Matemática ou Gramática... é fazer o aluno se tornar cada vez mais INTELIGENTE.

E ninguém se torna mais inteligente se não for transformado em AUTODIDATA.

O meu objetivo, como professor, é que meu aluno chegue um dia para mim, já quase adulto, e diga:

– Pier, muito obrigado! Conseguiu fazer com que eu não precise mais de você!

Creio que esteja se tornando, agora, mais do que evidente por que certos indivíduos assimilam mais facilmente do que outros. A qualidade da "fiação" varia de um para outro.

Isso não significa, porém, que, como dispõe – por não ter sido adequadamente estimulada nos primeiros anos de vida – de uma "fiação" insuficiente, uma pessoa esteja condenada a permanecer para sempre nos degraus mais baixos da escada da inteligência.

Por outro lado, porém, é preciso salientar que a criminosa irresponsabilidade das autoridades com relação às condições de saneamento básico no Brasil faz com que crianças na fase da "explosão neural" sejam expostas a doenças que podem, estas, sim, prejudicar seu futuro cognitivo de forma irreparável.

No entanto, todo ser humano dotado de um cérebro funcional tem a capacidade de subir a escada da inteligência. Alguns mais rapidamente, outros mais devagar, mas todos podem subir a escada.

É óbvio que um ambiente que desenvolva, na primeira infância, uma "fiação" mais rica e complexa torna a subida mais fácil e rápida.

Há séculos se sabe que um ambiente pobre e pouco estimulante não favorece o desenvolvimento da inteligência.

Outro freio ao crescimento da inteligência é o trauma causado por maus professores ou técnicas de ensino equivocadas. Algumas pessoas se declaram incapazes de aprender determinadas matérias e, ao fazer isso, realmente bloqueiam sua capacidade para tanto.

Devemos entender que há uma enorme diferença entre um **deficiente neurológico** e um **deficiente mental**.

O deficiente neurológico tem um cérebro com falhas de *hardware*. Um acidente de parto, um traumatismo craniano, uma má-formação na fase embrionária, doenças na primeiríssima infância ou um problema genético podem ser as causas da deficiência neurológica.

Mesmo assim ele consegue subir a escada da inteligência. Degraus muito menores, bem devagar, mas sempre há possibilidade de progresso, desde que ele tenha uma assistência especializada e competente.[82]

Porém, esse progresso certamente não será conseguido com essa imbecil INCLUSÃO que está sendo perpetrada em muitas escolas brasileiras nas quais o deficiente neurológico, ao se defrontar todos os dias com sua inferioridade intelectual, é HUMILHADO, não pelos colegas ou pelos professores, mas pelos irresponsáveis que o "incluíram" e sequer têm consciência da crueldade que cometem. Além disso, horas preciosas do tempo dessa criança são desperdiçadas colocando-a em um ambiente que não lhe traz qualquer proveito, quando poderia estar recebendo um auxílio de fato eficiente em um espaço propício.

O deficiente mental, pelo contrário, possui o cérebro em perfeito estado de funcionamento, mas, por preconceitos ou problemas emocionais, se recusa a usá-lo em sua plenitude.

Um professor de matemática que não consegue redigir um enunciado bem estruturado na elaboração de uma prova, por exemplo, é um deficiente mental.

Uma pedagoga que confessa ter se orientado para essa carreira por detestar matemática é uma deficiente mental.

Uma psicóloga que defenda essa malfeita "inclusão" citada há pouco... é uma deficiente mental.

Eu, que não consigo jogar uma partida decente de xadrez... sou um deficiente mental.

---

82 Portadores da Síndrome de Down, por exemplo, alcançam resultados surpreendentes se devidamente estimulados (e se corrigida uma eventual deficiência auditiva).

Qualquer pessoa que se recuse a usar, em toda a sua plenitude, a dádiva maravilhosa de ter um cérebro em ordem... é uma deficiente mental.

Muito recentemente, porém, um novo fator de freio ao desenvolvimento apareceu de forma bastante traiçoeira.

Quando encontraram, em Goiânia, num ferro-velho, uma cápsula contendo cloreto de césio-137, muitas pessoas ficaram fascinadas com o fato de que esse sal brilhava no escuro.

Chegaram a passar sobre a pele, deslumbradas pelo efeito pirotécnico, não sabendo que se condenavam a uma morte lenta e dolorosa causada pela radioatividade.

Pois bem, fascinados pela pirotecnia da tecnologia consumista que assola a humanidade, pais ignaros colocaram, muito precocemente, suas crianças, no começo, à frente de um televisor, a famosa babá eletrônica.

O tempo gasto pela criança, que deveria estar brincando com objetos coloridos, sons e sensações táteis, era jogado no lixo enquanto se estupidificava com desenhos animados.

Notem que não estou afirmando que a televisão seja estupidificante. O que é deletério é o tempo gasto à frente do televisor, que impede a aquisição de estímulos muito mais importantes e úteis na fase do "desbaste".

Certa vez, duas amigas pedagogas[83] chamaram-me à atenção por ter criticado, de forma muito veemente, os *Teletubbies*.

O argumento que elas usaram foi de que o programa havia sido criado por duas pedagogas britânicas que estavam pensando em um programa de TV que pudesse ser útil para crianças em idade pré-escolar.

Minha argumentação foi de que o problema não era o programa em si, mas o fato de que as duas criminosas tivessem ousado imaginar que uma criança em idade pré-escolar pudesse ser colocada à frente de um televisor!

Pois é, esse crime começou a ser cometido já há bastante tempo e acabou por produzir a atual geração de pais e professores![84]

Depois, a coisa piorou: apareceu o videogame. Mais tempo roubado!

Finalmente, mais fosforescentes que o césio-137... chegaram o computador e o celular!

Permitir que uma criança mergulhe nesse verdadeiro autismo eletrônico tem produzido toda uma geração que consegue ser mais limitada até que os próprios pais (que já são vítimas, com sequelas, da TV).

Há alguns anos, comecei a produzir, em parceria com meu amigo Tarcísio de Carvalho,[85] um material denominado INTERMÁTICA (casamento da INTERdisciplinaridade com a inforMÁTICA)

---

83 Sim, há pedagogas que não me odeiam e conseguem ser minhas amigas.

84 Que, diga-se de passagem, e que me perdoem os leitores, deixa muito a desejar!

85 Que é engenheiro.

tentando dar uma utilização INTELIGENTE aos computadores que foram colocados nas escolas por motivos exclusivamente marqueteiros.[86]

Partindo do pressuposto de que a fase perigosa começava a se encerrar no primário (que hoje vai do 1º ao 5º ano), preparamos o material para o que antigamente era o ginásio (hoje, do 6º ao 9º ano).

Várias vezes recebemos a solicitação de ampliar o leque para incluir os pequenos. As escolas querem dar aulas de computação aos pequenos!

Ou seja... querem mais césio-137! Essa ignorância total com relação aos efeitos causados por essa parafernália eletrônica está custando muito caro, em termos de Q.I., para toda uma geração.

Se não concorda comigo, raciocinemos um pouco juntos.

Nosso cérebro foi moldado, literalmente, por milhões de anos de evolução. Milhões de anos vivendo (e sobrevivendo) em um ambiente completamente diferente do atual.

Somos *Homo sapiens sapiens* há menos de meio milhão de anos, e somos civilizados, ou seja, moradores de cidades (*civitas*, em latim), há menos de 10 mil anos. Isso, nessa escala temporal, representa um átimo!

Toda essa história moldou nossos genes. Não o suficiente para que eles, sozinhos, possam produzir um cérebro funcional, mas o bastante para programá-lo de forma a extrair do meio ambiente os estímulos necessários para que ele possa ser moldado.

Os genes do patinho não lhe fornecem o repertório suficiente para reconhecer uma pata adulta, mas conseguem programá-lo para identificar, como mãe, o vulto que tem maior probabilidade de sê-lo.

---

86 Incluo aqui o marketing politiqueiro que gerou esse absurdo chamado "inclusão digital".

Com relação à nossa espécie, um bom exemplo é o da linguagem.

Se não levarmos em conta vocábulos raramente utilizados, chegamos, na língua portuguesa, a umas 40 mil palavras.

Nosso genoma não tem condições de nos fazer nascer com esse dicionário (e correspondente gramática) já pronto em nosso cérebro.

Mas tem condições de nos predispor, por meio de **estímulos externos assimilados após o nascimento**, a aprender, se quisermos, todas as 40 mil palavras (e as outras 400 mil, se quisermos esnobar).

Tanto é que o idioma não é inato, mas apenas a **predisposição a assimilar** algum idioma o é. Tanto que podemos aprender várias línguas dependendo dos estímulos que o ambiente nos ofereça.

Pois bem, nosso genoma foi estruturado para nos predispor a obter instruções de "desbaste" a partir de um repertório de estímulos que foi selecionado por milhares e milhares de gerações.

Nesse repertório não consta, com certeza, nenhuma tela eletrônica![87]

Se colocarmos ao lado do ovo de pata prestes a eclodir um coelho vivo, por exemplo, e um televisor mostrando o vídeo de uma pata, é mais provável que o patinho recém-nascido adote o coelho como mãe!

---

87 Se alguém quiser contra-argumentar afirmando que também não constam de nossa história pregressa o pião e as bolas de gude, queria deixar bem claro que a distinção que faço é entre objetos concretos e virtuais!

Mas o consumismo nos leva a lambuzarmo-nos com o césio-137!

Até os brinquedos são inadequados. Hoje é mais provável que a criança ganhe um brinquedo que brinque sozinho! Não quero ser radical como o pessoal, por exemplo, da linha antroposófica, mas acho que **devemos refletir**, e muito, sobre o que está acontecendo em termos de imbecilização eletrônica.

Na década de 1950, muitas mulheres tomaram, **sem refletir**, um remédio chamado Talidomida para evitar os enjoos frequentes no início da gravidez. O remédio funcionou, mas as crianças nasceram com terríveis malformações.

Em 1884, Freud publicou, **sem refletir**, o livro *Über Coca* recomendando a cocaína para o tratamento de depressão, nervosismo, doenças digestivas, alcoolismo e asma. Tratou seu amigo dr. Marxow com injeções subcutâneas de cocaína para livrá-lo do vício da morfina que ele havia adquirido após a amputação de uma perna. O dr. Marxow passou a sofrer de delírios e desenvolveu um quadro paranoide!

Vários pensadores já escreveram centenas de páginas alertando sobre os perigos de se entregar o repertório equivocado às crianças.

E, em Brasília, insistem, **sem refletir**, na inclusão digital sem perceber que antes deve haver uma inclusão cultural.

O resultado é que as escolas que receberam computadores e conseguiram fazê-los funcionar tiveram seus laboratórios de informática transformados em *lan houses*!

Insisto: antes da inclusão digital, é indispensável que haja a **inclusão cultural**.

O computador é um meio, não um fim!

Vamos, portanto, **refletir**.

O mais irônico disso tudo é que o repertório adequado para as crianças está disponível, mas é desprezado.

A formação de um cérebro é uma imensa sequência de "janelas de oportunidade".

E a cultura atual não perde uma oportunidade de perder oportunidades!

Afinal, o césio-137 é muito mais atraente... ELE BRILHA NO ESCURO!

O VITRAL E A VIDRAÇA

Há crimes piores do que queimar livros. Não lê-los é um deles.

Ray Bradbury[88] **(1920 -)**

Como afastar nossos jovens e crianças do césio-137? O que fazer para que eles retomem a subida pela escada da inteligência?

Vamos raciocinar mais um pouco em termos evolutivos. Nossos remotos ancestrais viviam em constante estado de penúria. Boa parte de seu tempo acordado era consumido à procura de comida. Sal e mel eram preciosidades. Gordura animal, então, nem se fala!

Todo o nosso repertório de desejos alimentares foi estruturado, geneticamente, para essa situação.

Há pouquíssimo tempo, porém, com a invenção da agricultura, a situação começou a mudar.

Em países desenvolvidos, então, nenhum dos tipos de carência que moldaram nossos desejos instintivos existe mais.

88 Autor de *Fahrenheit 451*.

Resultado?

Obesidade, diabetes, hipertensão e altos níveis de colesterol!

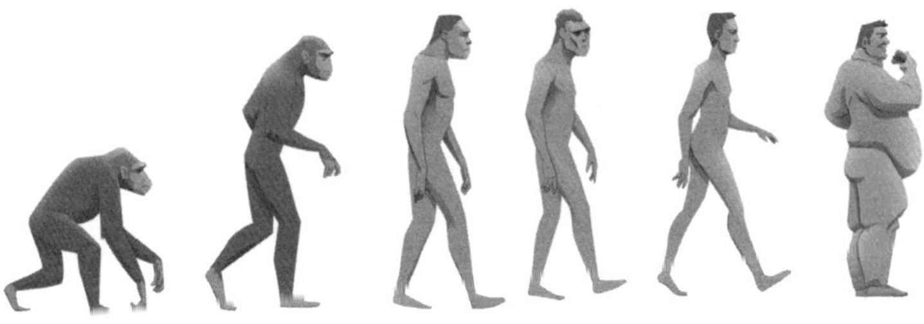

Mas, assim como nossa herança genética pode nos pregar peças, talvez possa, em alguns casos, nos ajudar.

Como já vimos, o ser humano preserva, em sua vida adulta, características que só aparecem em outros hominídeos na fase infantil, a chamada **neotenia**.

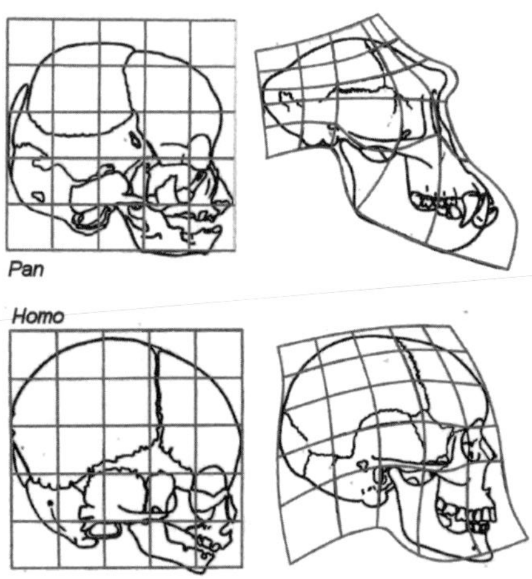

Transformação de um crânio infantil para um adulto no chimpanzé (Pan) e no ser humano (Homo).

Isso nos transformou, literalmente, em máquinas de aprender.

Se não tivermos um período de grande plasticidade cerebral suficientemente longo, não teremos a capacidade de sobreviver em um mundo no qual, na falta de uma maior força física, é indispensável um alto nível de inteligência.

Há pelo menos meio milhão de anos um excelente meio de transmissão cultural (e inteligência) começou a ser utilizado por nossos ancestrais.

Como instruir as crianças e os jovens?

CONTANDO HISTÓRIAS!

Toda criança pequena adora histórias. Não se cansa da repetição, e coitado daquele pai que esquece ou muda algum detalhe!

A história deve ser contada exatamente como da primeira vez.

Alguém já se perguntou por quê?

Simples: a criança está treinando redes neurais por meio da repetição. A insistência tenta obter a permanência da informação, que só mais tarde será ancorada pela palavra escrita.

Quando os homens primitivos se reuniam ao redor de uma fogueira, poderia não haver comida, mas sempre havia uma história para ser contada, uma aventura para ser admirada, um herói ou um vilão para ser julgado.

Até hoje no acampamento, na praia, no churrasco, na festa junina, a fogueira exerce sua atração e desencadeia o desejo de contar e de ouvir histórias.

Depois de passar quase meio milhão de anos contando histórias, a humanidade descobriu que elas poderiam ser contadas independentemente do espaço e do tempo. Posso contar uma história sem estar presente. Posso contar uma história mesmo já tendo morrido.

Como?

Por escrito!

Nesse momento estou escrevendo esta história no Brasil, no início do ano de 2009.

Pode ser que você esteja lendo esta história na Nova Zelândia em 2083, quando eu já estiver morto há muito tempo!

A invenção da escrita foi, talvez, a mais significativa reviravolta na história da humanidade.

Com ela, as histórias e, portanto, a transmissão do *know-how* de como ser humano, podem pular mares e gerações! A explosão cultural resultante não terminou até os dias de hoje.

Acontece que a escrita, apesar de ser de recente aquisição, representa uma vantagem evolutiva tão gigantesca que qualquer pequena mutação que torne um cérebro mais apto a ler e a escrever se dissemina como um rastilho de pólvora pelo *pool* genético da humanidade!

Isso se tornou tão importante na modelagem e especialização de algumas regiões de nosso cérebro que disfunções ou traumas que as afetem geram um problema altamente específico chamado DISLEXIA.[89]

Muitos já definiram o homem como o animal racional, o animal que pensa, o animal que ri etc.

Eu prefiro definir o ser humano como o **animal que lê**.

O livro tornou-se o elemento mais importante no desenvolvimento da inteligência humana. E quando falo livro, falo LIVRO MESMO, feito de papel e tinta.

O objeto físico, e não apenas seu conteúdo, é o elemento crucial para o desenvolvimento intelectual.

Substitutos, principalmente os que se apresentam em algum *display* luminoso e digital, já mostraram sua ineficiência.

Faça uma experiência: coloque na tela de um computador um texto razoavelmente longo e introduza intencionalmente certa quantidade de erros.

Peça a alguns professores para fazer uma revisão lendo o texto na tela.

---

89 Estou me referindo à verdadeira dislexia, um problema neurológico muitas vezes de origem genética que afeta com maior ou menor intensidade cerca de 10% da população estudantil, e com muito mais frequência o sexo masculino. Infelizmente, a "nova pedagogia" resolveu aposentar a cartilha silábica e, hoje, as escolas estão abarrotadas de falsos disléxicos que podem ser curados com a cartilha silábica (que as xiitas consideram um horror do passado).

Peça a outro grupo de professores (se possível com nível intelectual equivalente) para realizar a mesma experiência lendo o mesmo texto impresso em papel.

É intrigante ver quantos detalhes escapam aos que leem apenas na tela!

É mais que óbvio que os mecanismos de decodificação nos dois casos têm diferentes graus de eficiência. Quem lê na tela, por exemplo, recebe luz EMITIDA, e quem lê em papel recebe luz REFLETIDA.

Basta consultar qualquer tipógrafo para saber que o que está na tela é colorido com as cores fundamentais **RGB**.[90] O que está no papel foi impresso em **CMYK**![91]

As cores na tela são obtidas por ADIÇÃO, e no papel, por SUBTRAÇÃO. São outras as frequências envolvidas.

RED + GREEN + BLUE = BRANCO

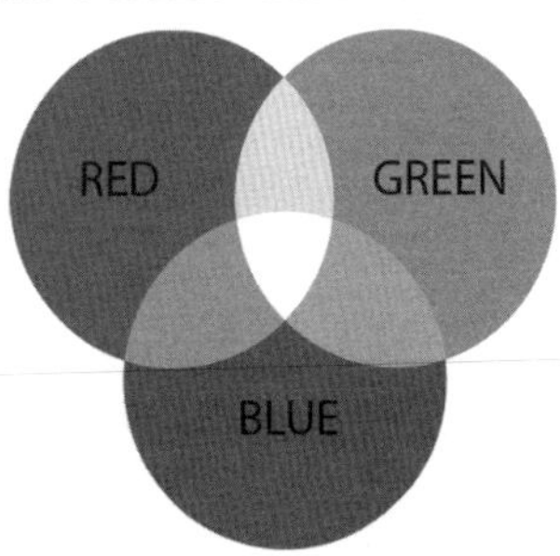

No display: Adição

No papel: Subtração

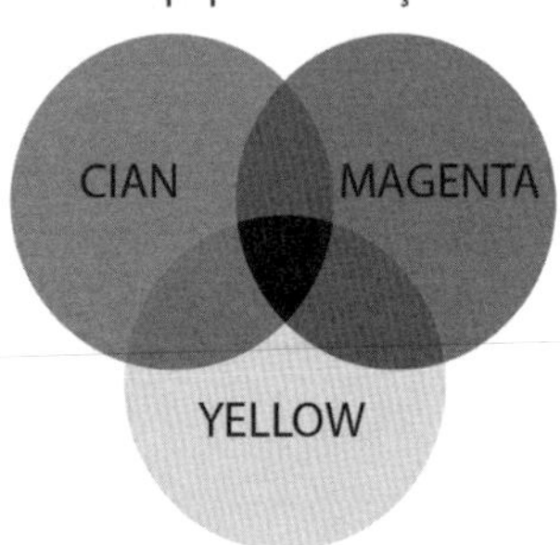

CIAN + MAGENTA + YELLOW = PRETO

90 Vermelho (Red), Verde (Green) e Índigo (Blue).

91 Azul (Cian), Magenta, Amarelo (Yellow) e Preto (blacK).

Para colocar uma boa foto com perfeita nitidez na tela de um computador, basta uma resolução de 80 dpi [pontos por polegada (*Dots Per Inch*)], enquanto no papel você não imprime uma foto decente com menos de 600 dpi!

Só para ter uma ideia da complexidade dos mecanismos neurológicos envolvidos na leitura de um livro, existe um caso raro de dislexia no qual a pessoa não consegue ler porque as letras tremem e ficam embaralhadas.

Pois bem, intercalando um filtro óptico entre o texto e os olhos do leitor tal que elimine determinada frequência da luz incidente, a pessoa passa a ler NORMALMENTE.

E, de forma estranha, afirma que, apesar de o filtro ser colorido, as cores das figuras do livro não foram alteradas em nada.

Esse abuso da eletrônica em determinados processos de aquisição corre o risco de se tornar, em nome do "moderninho" que tanto agrada a turma das "tias maricotas" (as desvairadas da "pedagorreia"), um elemento de degradação intelectual. Nada, repito, NADA substitui o bom e velho livro impresso em papel.[92]

Poucos dias antes de escrever estas linhas, fui questionado a respeito de uma entrevista que dei a um jornal de São Paulo na qual criticava os audiolivros. Nela eu dizia que eles poderiam ser úteis para cegos[93] e analfabetos, mas que qualquer vidente alfabetizado deixava de aproveitar o acréscimo de inteligência que a

---

92 Hoje em dia existem dispositivos eletrônicos que simulam tinta impressa (leitura por reflexão).

93 Hoje em dia existem dispositivos eletrônicos que simulam tinta impressa (leitura por reflexão) em Braille!

leitura de um livro (acréscimo que não está relacionado com o conteúdo) poderia proporcionar.[94]

As pessoas ignaras têm a sensação de que o importante é a história, e não a maneira e os meios materiais utilizados para contá-la.

Questionei muitos professores de literatura por diversas vezes, perguntando se haviam lido o livro *Fahrenheit 451*, de Ray Bradbury.

Para minha surpresa, eles nem tinham ouvido falar na obra! Professores de literatura! Os autodenominados "amantes dos livros" jamais leram a mais intensa declaração de amor aos livros de toda a história da literatura mundial!

A resposta mais "inteligente" que recebi a respeito foi: "Não li o livro, mas assisti ao filme que o Truffaut fez a partir dele".

94 O conteúdo também pode provocar um acréscimo, mas por outros motivos, como veremos mais adiante.

Melhor que nada, mas veja: as pessoas acham que ler um livro e assistir ao filme ou ouvir alguém narrando o livro ou ler, sei lá, a versão em quadrinhos, sejam a mesma coisa!

Não é a história em si que produz um enriquecimento de redes neurais, mas a forma como ela é contada!

Isaac Asimov, um magnífico autor de Ficção Científica (FC), o mais completo gênero literário e o mais eficiente também no quesito "conteúdo" para o crescimento da inteligência do leitor, certa vez escreveu um artigo para os que o criticavam por nunca ter escrito "Grande Literatura", apesar de seu inegável talento e sua elevadíssima inteligência.[95]

Asimov o intitulou *O Vitral e a Vidraça*.

Nele, o escritor concebe uma analogia extremamente feliz, que vou me permitir adaptar para o nosso caso.

Imagine que o LEITOR seja alguém encerrado em um quarto e que, ao se aproximar de uma das paredes, percebe que algo de muito interessante está acontecendo do lado de fora.

Vamos chamar o acontecimento que se desenrola do outro lado da parede de A HISTÓRIA.

O ESCRITOR é o artesão que abre uma janela na parede e coloca nela um vidro, cuja transparência vai permitir ao LEITOR apreciar a HISTÓRIA.

O ESCRITOR da "Grande Literatura" é um vidraceiro de grande talento que coloca na janela um vitral maravilhoso, uma verdadeira sinfonia de cores e formas, uma obra de arte de inegável valor.

---

95 Asimov foi vice-presidente da Mensa norte-americana. A Mensa (www.mensa. org) é uma associação mundial que reúne pessoas de alto Q.I..

Qualquer leitor com o mínimo de sensibilidade estética ficará encantado com o vitral.

E a HISTÓRIA? Bem, o maravilhoso vitral ainda permite alguma transparência, mas ficou óbvio que o narcisismo do ESCRITOR deixou a HISTÓRIA para um segundo plano.

Dante Alighieri e Virgílio atravessando o rio Aqueronte, conduzidos por Caronte, o barqueiro do inferno. Vitral do século 19 no museu Poldi Pezzoli, de Milão.

Por outro lado, o ESCRITOR do tipo de Asimov é alguém que respeita o desejo do LEITOR de viver a HISTÓRIA. Ele coloca na janela uma vidraça plana e a mais transparente possível.

Quem lê um livro escrito com esse propósito passa por uma experiência única!

Se o livro for bem escrito (e é muito mais difícil escrever um livro assim do que o tipo "vitral", afinal, exige mais talento), o LEITOR **esquece que está lendo!**

Isto mesmo: **esquece que está lendo**!

O talento do escritor torna a vidraça absolutamente invisível.

O LEITOR mergulha na HISTÓRIA, vive a HISTÓRIA e emociona-se com a HISTÓRIA, e não com as elaboradas figuras do vitral.

A literatura da vidraça exige muito mais talento do que a do vitral.

Como ávido leitor que sou, sinto que Isaac Asimov tem muitíssimo mais talento que James Joyce.

Jorge Amado é muito mais escritor que Clarice Lispector.

Esta, em minha opinião (não compartilhada pela maioria dos professores universitários de Letras), é a verdadeira literatura porque é esse tipo de leitura que incentiva a pessoa a LER MUITO.

E, quanto mais se lê, mais se enriquece a complexidade das redes sinápticas.

É a literatura da vidraça que permite arrancar a criança e o jovem do brilho tecnológico e imbecilizante do césio-137.

Enquanto não entrar na cabeça dura dos professores formados em Letras que, antes de professores de Literatura, eles têm a obrigação, o sagrado dever, de ser professores de LEITURA... continuaremos sendo um país de semianalfabetos.

Para piorar a situação, o sistema escolar brasileiro e os textos solicitados no vestibular conseguem, isso, sim, e com habilidade assustadoramente eficiente, criar o ÓDIO PELA LEITURA!

Não tem o menor cabimento tentar salvar o cérebro de um jovem que está se imbecilizando na frente de uma tela (TV, VG e Smartphone) utilizando José de Alencar ou, pior ainda, Monteiro Lobato!

Pelo amor de Deus!

Não dá para usar um pouco de bom senso?

E se nosso dever, como professores, é criar o prazer pela leitura para podermos lutar contra o césio-137, então devemos tomar consciência de que TODOS os professores, de qualquer disciplina, são professores de LEITURA.

Não seria interessante, no meio de uma aula sobre frações, sentar no meio de uma rodinha de alunos (talvez acendendo uma vela como simulacro da fogueira) e ler para eles o famoso episódio da divisão da herança dos camelos em *O Homem que Calculava*?

Ou então pedir para os alunos lerem *O Enigma de Andrômeda* quando a biologia precisar do conceito, sei lá, de mudanças do pH do sangue?

O professor de Física está lutando com o árduo assunto de REFERENCIAIS NÃO INERCIAIS? Fácil! *Encontro com Rama*, de Arthur Clarke!

Geografia... está estudando o interior de nosso planeta? Está sendo discutida a profundidade da camada do pré-sal? Que tal o velho e sempre maravilhoso *Viagem ao Centro da Terra*, do eterno Júlio Verne?

Mas cuidado! Se o tema que você estiver abordando puder ser ilustrado e motivado por um filme, por melhor que ele seja, você pode estar traindo a causa da LEITURA.

Devemos estar focados em nosso principal dever: sempre pensar no desenvolvimento da inteligência dos alunos.

O importante é tentar gerar interesse e, se possível, entusiasmo pela leitura.

É isso que vai fazer nossos alunos subirem pela escada da inteligência!

Certamente, não é ver um Proust gastar várias páginas para descrever um lustre que vai fazer um jovem largar o computador para abrir um livro!

O virtuosismo literário é fruto de um conceito estético que não tem nada a ver com o prazer ancestral de ouvir histórias.

Se ouço o "Bolero de Ravel" e passo 17 minutos ouvindo a obsessiva repetição de duas frases musicais de oito compassos cada, posso até admirar o virtuosismo do compositor em substituir a melodia por um malabarismo de orquestração, mas certamente não vou querer um bis!

– E o VITRAL? – perguntam angustiados os professores de literatura. – O que fazer com nossas coloridas metáforas, nossas brilhantes metonímias, nossos dissonantes oxímorons e quiasmas, nossas deslizantes sinédoques?

– O VITRAL? – respondo eu. – É uma coisa maravilhosa que não deve ser esquecido em hipótese alguma!

Devemos lembrar, porém, que só tem condições de apreciar a beleza do VITRAL aqueles que já adquiriram o gosto pela leitura, fascinados, em uma primeira etapa, pelas histórias maravilhosas que puderam acompanhar através da VIDRAÇA!

Parte 4

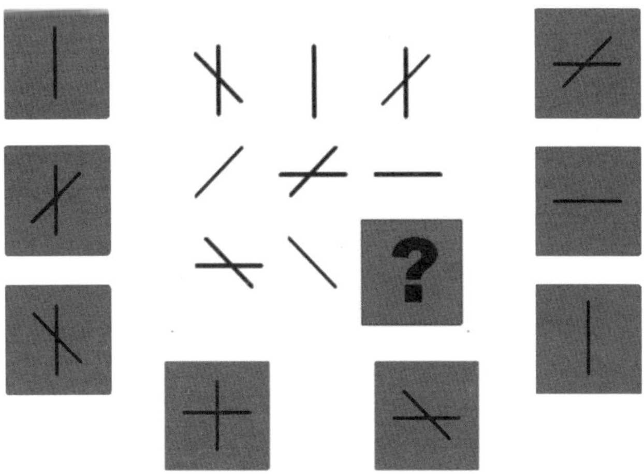

O NOVO PROFESSOR

MELHORANDO AS CONDIÇÕES

Professores, grosso modo, são, provavelmente, a mais ignorante e estúpida classe de seres no inteiro grupo de trabalhadores mentais.

Henry Louis Mencken (1880-1956)

Alguém já se perguntou por que nós, professores, somos uma classe tão pouco prestigiada?

É claro que esse desprestígio é recente. Até poucos decênios atrás, o professor era considerado um dos elementos mais importantes da estrutura social.

Quando eu frequentava o curso primário, na Itália, fui transferido de um colégio de freiras para uma escola pública do 3º para o 4º ano. Passei a ter um professor, um homem que sustentava dignamente uma família com seu salário de mestre-escola e que havia sido agraciado pelo rei (a Itália é uma república muito mais recente que o Brasil) com o título de *cavaliere*, que seria equivalente, na Grã-Bretanha, a poder ostentar o título de *sir*.

Mesmo no Brasil, esse respeito e prestígio existiam até uns 50 anos atrás.

Naquela época, as escolas públicas tinham um alto nível, e as particulares, muitas vezes, má fama ("pagou... passou").

Ouviam-se sussurros apontando para o jovem preguiçoso: "É tão burro, coitado, que precisa pagar para estudar".

De repente, em nome de uma "democratização" do ensino, permitiu-se que a escola pública sofresse a degradação que vemos hoje. A desculpa usada é que o preço a ser pago pelo aumento da quantidade dos que têm acesso à escola foi a queda da qualidade.

Mentira deslavada!

O problema do ensino público é incompetência e corrupção. Muita corrupção!

Basta ver as raras instituições lideradas por gestores competentes e honestos para perceber que nosso ensino público poderia ter padrões de primeiro mundo.

A degradação generalizada deixou um vazio, e esse "nicho ecológico" foi preenchido pelas escolas particulares.

Muito mal preenchido, diga-se de passagem.

Para se ter uma ideia, há mais de 30 anos fui convidado por um colega para assessorar uma escola com dificuldades para implantar seu laboratório de informática.

Era um daqueles colégios de São Paulo criados por *socialites*, todo cheio das logomarcas e de uniformes escolares com *design*.

O problema? Simples!

– Professor, os computadores vieram com um plugue de três pinos e nossas tomadas só têm dois buracos. O que fazer?

Absurdo, não?

Claro, o colégio era um dos pioneiros na montagem de um laboratório de informática, pois era (infelizmente ainda é) um dos grandes anzóis do marketing para fisgar pais desavisados.[96]

Desafortunadamente, pai e mãe, por desconhecimento, em vez de perguntar se a escola tem professores INTELIGENTES e BEM PAGOS, perguntam se tem um computador por aluno.

Há 50 anos o salário de uma professora primária concursada era idêntico ao de um juiz de Direito.

Hoje... bem, é melhor nem comentar!

Hoje temos políticos que afirmam que as professoras "não ganham mal, são é mal casadas" (*sic*).

Mas os políticos não são os únicos responsáveis pela situação catastrófica em que se encontra nosso sistema educacional.

O principal culpado dessa tragédia é você, leitor deste livro e cidadão brasileiro (e eleitor)!

Seja você professor, aluno, familiar de aluno, pedagoga, profissional liberal, juiz ou senador.

Em um círculo vicioso, você permitiu que o professor fosse mal remunerado.

Sendo uma carreira mal remunerada, atraiu muitas pessoas pouco qualificadas.

A má qualificação desses profissionais gerou desprezo, desprestígio e mais justificativas para uma remuneração ainda pior.

E esse desprestígio recaiu sobre a classe como um todo, prejudicando os professores sérios e competentes.

---

96 Hoje a isca são os *tablets* e os *smartphones*.

Quantas e quantas vezes, ao longo de meus mais de 40 anos como professor de cursinho, recebi, dos alunos, a pergunta: "Professor, o senhor só dá aula ou também trabalha?".

Em vez de ficar irritado (como dá vontade em uma primeira leitura dessa pergunta), aprendi a me sentir lisonjeado.

O que o aluno estava dizendo nas entrelinhas?

"Professor, ao longo de nossa convivência percebi que o senhor é uma pessoa competente. Como se sujeita, então, a ser apenas um professor?"

– Pois é – ouço você exclamar. – Se você é tão competente quanto dizem, como é que se sujeitou a uma carreira tão pouco compensadora? É puro idealismo?

Houve, confesso, uma ponta de idealismo. Mas esse não foi o fator decisivo. Simplesmente a carreira de professor de cursinho é compensadora.

Nada para se ficar milionário, mas, com certeza, há um nível de remuneração bem acima do de uma escola fiscalizada pela Secretaria da Educação.

– Mas por que consegue ser compensadora?

Justamente por não sermos uma instituição fiscalizada pelas tais autoridades de ensino!

Isso significa que podemos colocar de quatro a cinco vezes mais alunos em uma sala do que faz uma escola fiscalizada e, consequentemente, podemos estabelecer um nível de remuneração para o professor muito acima do padrão humilhante.

– Mas, com tantos alunos em uma sala, o ensino consegue ser eficiente?

Claro que sim!

Afinal, é muito mais eficiente ter um aluno assistindo à aula de um professor brilhante, mesmo que seja em uma multidão, do que ser paparicado até individualmente por profissionais mal qualificados.

É claro que na fase da "fiação" a criança precisa de uma assistência constante. Salas de aula com uma dúzia de aluninhos, uma professora e uma auxiliar. É a fase, como já vimos, de **ouvir**, **ver** e **fazer** na própria sala de aula. Com o evoluir da idade, porém, a aula torna-se cada vez mais expositiva e as salas podem aumentar gradualmente. A aula continua importante, mas passa a ser a parte menos importante do processo de aprendizagem.

No antigo ginásio (que na época da publicação deste livro ainda se chamava Fundamental II – daqui a alguns meses, sabe-se lá o que vão inventar!), a quantidade de alunos na sala pode ser muito maior (desde que exista algo chamado DISCIPLINA, ou seja, comportamento adequado dos DISCÍPULOS).

Mas onde encontrar mais professores competentes? Muitos já estão na ativa, porém impedidos de manifestar seu potencial.

Estou cansado de ver professores excelentes que mal conseguem dar aulas medíocres, pois são obrigados a correr de escola para escola, entupindo-se de aulas, para poder sobreviver. Sem tempo para se reciclar, para ler, embrutecidos pelo excesso de trabalho.

Professores que gastam um tempo enorme executando tarefas que não deveriam ser sua atribuição, mas, sim, da escola como instituição.

Querem saber quais? Fácil! Diário de classe, correção de provas[97] e verificação das tarefas. E, ainda por cima, com problemas

97 Insisto: não confunda Verificação de Aprendizagem com Avaliação!

terríveis de relacionamento com os alunos mal-educados, criados por pais mal-educados.

Além disso, impossíveis de serem disciplinados, já que a escola particular sente um prejuízo menor em perder um professor (o fato de ele ser bom é absolutamente irrelevante) do que em perder um freguês pagante.

E, para piorar, os professores tanto das escolas públicas quanto das particulares estão algemados por um falho Estatuto da Criança e do Adolescente, que retirou do professor a autoridade que ele sempre teve e conseguiu criar até a figura do assassino-laranja!

O professor precisa ter uma remuneração condizente com seu nível intelectual (o "piso" estabelecido pelos governos é um insulto!).

Já ouvi muitos empresários argumentarem com frases do tipo: "Se você multiplicar o salário de um pobre idiota por 10, vai obter, simplesmente, um rico idiota!".

Não é verdade. O professor não é um idiota – é alguém massacrado por uma sequência de equívocos que o levaram a uma situação absurda.

Vou dar um exemplo simples de um desses absurdos. Se um guarda afirmar que eu estava circulando na contramão, mesmo sem fotos e/ou testemunhas, sua palavra é aceita contra a minha porque ele tem "fé pública", e a multa é aplicada. A palavra dele vale mais que a minha.

Agora eu pergunto: por que cargas d'água, e por muito maior razão, a lei não atribui ao professor "fé pública"?

Os professores atuais trabalham em condições terríveis, tendo as famílias dos alunos como antagonistas em vez de parceiras.

Mas, mesmo dando boas condições a esses heróis, ainda vai faltar gente.

Ora, o Brasil está cheio de excelentes professores. A maioria, porém, não está dando aula, está "trabalhando"! Precisamos repensar todo o sistema educacional para que essa gente possa ser atraída para o magistério.

Como recrutá-los? Como diferenciar o bom profissional do medíocre? Como driblar essa absurda isonomia que nivela a profissão por baixo? Como dar ao bom profissional uma remuneração e uma autoridade diferenciadas?

A solução está à nossa frente há anos, e não a vemos por causa da cegueira causada pelo hábito e pela tradição.

Vamos sair um pouco de nosso mundo educacional e olhar o jurídico. Ora, há uma diferença brutal entre o *status* de bacharel em Direito e o de um advogado. E a diferença consiste em algo muito simples: o exame da OAB!

A Ordem dos Advogados do Brasil é uma entidade de classe que se espelha na antiga e sábia tradição das guildas medievais:

– Quer exercer minha profissão? Prove, então, que é tão competente quanto eu!

Por que não criar uma OPB que submeta os candidatos a um rígido, demorado e exaustivo exame de forma a diferenciar o licenciado do professor?

Ter um diploma "reconhecido pelo MEC" não significa nada. É uma simples formalidade burocrática destituída de qualquer eficiência qualificatória.

Eu fiz licenciatura na Universidade de São Paulo. As aulas das matérias pedagógicas foram as mais absurdamente medíocres às quais já assisti em toda a minha vida!

Tive aula, por exemplo, com uma professora de Prática de Ensino de Física que só tinha dois defeitos: não sabia ensinar e não sabia Física!

Nas aulas de didática, foi-me dado um texto extraído do livro *O Senhor das Moscas*, de Golding (que lhe valeu, em 1983, o Nobel de Literatura), como suporte às teorias de Rousseau, quando, na realidade, a tese do livro é exatamente o oposto.

Que "bom selvagem" que nada! O livro mostra que o ser humano cria o demônio antes de descobrir Deus!

Ao questionar as pedagogas desvairadas que me deram esse texto, recebi como resposta um preconceituoso: "Vocês, de Exatas, não conseguem interpretar o texto corretamente".

Perguntei qual delas tinha lido o livro. NENHUMA! Nem sabiam que o texto fora extraído de um dos livros mais fundamentais para quem quer entender o *bullying*!

Cumprir essa formalidade burocrática de obter um diploma de licenciatura transforma o aluno em licenciado, mas não em professor.

Precisamos, portanto, desburocratizar o processo de ensinar e enrijecer o de examinar, tanto para nossos alunos, quanto para nossos professores.

Se quem ensina não examina, poderá ensinar cada vez melhor. E quanto melhor ensinar, mais valorizado será. E quanto mais valorizado, mais eficiente. E quanto mais eficiente, melhor ensinará!

A qualidade do professor é essencial!

Quando a aeromoça é obrigada a representar aquele teatrinho antes da decolagem, mostrando onde estão as saídas de emergência, as luzes orientadoras e como utilizar o cinto de segurança, ela fala, a seguir, sobre as máscaras de oxigênio.

"Em caso de despressurizarão da cabine, máscaras cairão de cima. Dê um puxão para liberar o fluxo de oxigênio e coloque a máscara sobre o nariz e a boca, prendendo-a com o elástico atrás da cabeça. Se houver uma criança a seu lado, ***coloque a máscara primeiro em você****, para ter condições de poder, em seguida, ajudar quem precisa de assistência."*

Para ter alunos leitores, o professor deve ser um ávido leitor. Para transformar o aluno em estudante, é obrigatório que o professor seja, antes de mais nada, um eterno estudante.

Para ter alunos de qualidade, a qualidade deve começar com os professores.

Como checar a qualidade?

Em primeiro lugar, submetendo o licenciado, após certo número de anos como professor-estagiário, a um exame promovido pela Ordem dos Professores (e não pelo Estado e muito menos pelas pedagogas), para que ele assuma o *status* de professor, com prerrogativas tanto em termos de remuneração quanto do ponto de vista da autoridade.[98]

Em segundo lugar, submetendo o resultado de seu trabalho a uma auditoria externa: exames nacionais que permitam evidenciar a qualidade das escolas, como a verdadeira fiscalização.

98 Um professor deveria ter, no mínimo, o mesmo *status* de um oficial das forças armadas.

Funcionaria?

Não funcionaria... FUNCIONA!!!

Funciona há mais de 60 anos no cursinho e não vejo por que não poderia funcionar no Brasil como um todo.

Todos os anos os professores dos cursinhos sérios são submetidos a uma rigorosa fiscalização externa: o exame vestibular prestado pelos seus alunos.

É claro que este livro, ao ser publicado, provocará a ira dos incompetentes que mamam voluptuosamente nas tetas de uma instituição falida.

Pseudopedagogas indignadas irão estrilar. A desculpa será a de que foram insultadas. A verdadeira razão é que correm o risco de ver acabar a mamata.

Pedagogas inteligentes irão exultar: "Finalmente alguém teve a coragem de escrever aquilo que todas nós pensamos há tanto tempo e nunca tivemos coragem de falar em público".

Se eu estiver certo (e tenho certeza de que estou, com o perdão da obviedade), as faculdades de pedagogia deveriam passar por uma radical reformulação. Poderiam ser transformadas em cursos de pós-graduação que admitissem apenas professores (aprovados no exame da OPB) com, no mínimo, cinco anos de atividade comprovada em sala de aula.

Mas isso é tema para planejamento posterior.

O importante é que se faça o diagnóstico correto.

Eu fiz o meu.

A escola, no Brasil, como instituição, é uma FARSA.

Uma gigantesca FARSA.

E se não abrirmos os olhos, admitindo essa verdade irrefutável, continuaremos nos enganando e sofrendo na miséria do sub do sub do subdesenvolvimento!

Esse futuro eu não quero para meus filhos e netos.

Suponho que o leitor também não!

O PAPEL DO ESTADO

Se você pensa que a educação é cara... tente a ignorância!

Derek Bok (1930-)

Como já comentei no capítulo anterior, antigamente (mas não tanto, pois estou falando de minha adolescência) as escolas mantidas pelo Estado tinham um nível muito bom.

Muito bom por dois motivos: professores bem remunerados e alunos selecionados.

Havia uma espécie de vestibular bastante concorrido para ingressar nelas, pois, além da qualidade de ensino, o prestígio que advinha de um diploma dessas escolas era precioso para o currículo do felizardo.

A diferença entre a escola estatal e a privada era gritante. O aluno da escola particular chegava a ser intelectualmente discriminado.

Hoje esse tipo de discriminação ainda existe, mas apenas no âmbito da universidade.

É claro que, mesmo naquela época de ouro, havia terríveis distorções.

Como o professor tinha (e ainda tem) o poder de atribuir notas, de aprovar ou reprovar, muitas barbaridades foram cometidas.

Havia aquela figura absolutamente imbecil do professor que se orgulhava em dizer: "Comigo não tem moleza. Eu nunca dei um único dez na vida, e poucos passam na minha matéria".

Ou seja, um cretino total que não percebia estar confessando sua própria incompetência como professor.

Mas, como dizia o *lord* Acton,[99] "O poder corrompe, e o poder absoluto corrompe absolutamente!".

Por outro lado, a qualidade do ensino era excelente pois havia, entre outras coisas, DISCIPLINA e RESPEITO.

Não vou agora me aprofundar sobre a absoluta e total decadência do ensino fornecido pelo Estado (quando falo em Estado, refiro-me ao poder público de qualquer nível, municipal, estadual ou federal).

Ela é tão óbvia que nem merece comentários. Só não conseguem percebê-la as tais "autoridades de ensino", pois não lhes é conveniente.

O que querem as autoridades educacionais que se sucedem na dança política é mostrar estatísticas claramente falaciosas.

Tornou-se tudo um faz de conta, uma gigantesca farsa, um trágico teatro que nos está transformando em um país de deficientes mentais.

Apesar de ter dito, no começo deste livrinho, que não utilizaria bibliografia, vou me permitir reproduzir um trecho de um livro já bem antigo de ficção científica, *Para além do futuro*

99 O historiador britânico John Emerich Edward Dalberg Acton, conhecido como Barão Acton (1834-1902).

(traduzido para o português de Portugal), no qual o autor, C. M. Kornbluth, descreve um mundo possível daqui a 20 gerações:

> *Depois de vinte gerações de pois-sim, pois--não e "resolveremos esse problema quando tivermos de o enfrentar", a espécie humana conduzira-se a si própria a um beco sem saída.*
>
> *Os biometristas tinham teimosamente observado com uma irrefutável lógica que os subnormais mentais estavam a reproduzir-se em maior número que os normais e supernormais mentais, e que o processo estava a ocorrer numa curva exponencial.*
>
> *Todos os factos que podiam ser reunidos provavam a conclusão dos biometristas, e levavam inevitavelmente à conclusão de que a espécie humana se iria bem depressa colocar perante uma situação impossível.*
>
> *Quem pense que isto teve qualquer efeito nas práticas de acasalamento não conhece a espécie humana.*
>
> *Havia, de resto, uma espécie de efeito de mascaramento produzido por outro factor exponencial, a acumulação de dispositivos tecnológicos.*
>
> *Um cretino que tivesse sido ensinado a trabalhar com uma máquina de somar parecia um calculador muito mais hábil que um matemático medieval que tivesse de contar pelos dedos.*

Um cretino ensinado a trabalhar com o equivalente de uma linotipe, no século XXI, parecia um tipógrafo muito melhor que um impressor da Renascença, limitado por alguns tipos móveis. O mesmo acontecia com a prática da medicina.

Era um problema complicado, com muitos factores. Os supernormais "melhoravam o produto" a uma velocidade maior que aquela que os subnormais o degradavam, mas numa quantidade mais pequena porque o complicado treino dos filhos era feito numa base especializada, longe da produção em massa.

Na vigésima geração, os símbolos da educação superior tinham chegado a algumas estranhas situações: havia "Institutos Superiores" em que nem um só membro do corpo de alunos era capaz de ler palavras de três sílabas, "Universidades" em que os graus de "Bacharel em Dactilografia", "Licenciado em Estenografia" e "Doutor em Contabilidade (perfuração de cartões)" eram conferidos com as pompas tradicionais.

A meia dúzia de supernormais usava desses estratagemas para que a vasta maioria pudesse pensar que a ordem social se mantinha.

Após ler esse trecho, publicado na Coleção Argonauta de Lisboa, chegamos à conclusão de que Kornbluth foi otimista. Esperar 20 gerações? Que nada! Já chegamos lá depois de duas! É claro que o autor comete alguns equívocos e profecias ingênuas.

Mas o que importa é perceber a degradação gradual que está ocorrendo no nível intelectual da humanidade. Os analfabetos estão assumindo o poder!

Não consigo conceber um portador de diploma universitário, em qualquer área de atuação, que não tenha aprendido latim[100] e cálculo integral e diferencial.

Podem me chamar de louco ou excêntrico, mas, se pararem para pensar um pouco, verão que tenho boas razões para isso.

Mas... se melhorarmos, por exemplo, a remuneração dos professores, se a sorte da dança política nos brindar, por obra do mais improvável acaso, com uma autoridade de ensino competente, será que o processo de decadência não poderia ser revertido?

Pessoalmente, estou muito propenso a achar que não. O Estado não tem vocação para prestador de serviços. E a falta de vocação gera, sempre, incompetência.

A verdadeira vocação do Estado é a redistribuição mais igualitária de renda e equalização de oportunidades.

Mesmo a escola da época de ouro, porém, não serviria hoje.

Não podemos nos esquecer de que a verdadeira missão da escola é fomentar a inteligência, ao contrário da escola daquela época, que se limitava a colhê-la onde a encontrasse já pronta. Era, portanto, uma escola elitista por definição.

---

100 A falta do latim, por exemplo, permite que um imbecil televisivo qualquer (desses que acham que tudo se ensina com "musiquetas"), ao desconhecer o uso da preposição latina "ad", que deu origem ao símbolo de endereçamento, o "@", tenha se permitido inventar que não se usa mais o corretíssimo "ENTREGA A DOMICÍLIO". O que está na moda, agora, é o absurdo "ENTREGA **EM** DOMICÍLIO". É o festival da ignorância arrogante. É o burro do presente querendo corrigir os sábios do passado! Ah, que saudade do Napoleão Mendes de Almeida...

Nossa situação atual não permite mais uma escola elitista.

Em vez de sermos "caçadores de talentos", devemos nos tornar "criadores de talentos".

A única saída para nosso subdesenvolvimento é a educação de qualidade.

Educação de qualidade significa professores inteligentes tornando seus alunos cada vez mais inteligentes. O autor do trecho citado incorre no equívoco, comum na época em que o livro foi escrito, de que a inteligência é uma característica exclusivamente genética.

Nada mais falso! Inteligência pode (e deve) ser ensinada.

– Mas isso é possível? – você poderia perguntar. – Alguém já tentou?

Sim!

Eu tentei. E consegui![101]

Se você foi meu aluno, sabe muito bem do que estou falando. Se não, procure um que foi e pergunte (quase 100 mil pessoas tornam essa procura menos árdua do que você imagina).

E você acha que algum burocrata estatal consegue isso? Pode tirar o cavalinho da chuva. Mas, então, o que o Estado pode fazer?

Ora, como já deixei bem claro ao longo deste livro, **quem ensina não examina**.

A função do Estado deveria ser, somente, a de examinar.

Criar e administrar exames nacionais em todos os níveis.

---

101 E não sou o único, é claro! Desde que publiquei a primeira edição do volume 1 (*Aprendendo inteligência*) desta coleção, já começaram a pipocar instituições e empresas empenhadas em ENSINAR INTELIGÊNCIA.

Qualquer aprovação de uma série a outra, qualquer fornecimento de certificado ou diploma, qualquer ingresso em universidade, ou seja, qualquer "aprovação", seja ao título que for, deve ser concedida só e exclusivamente por meio dos resultados desses exames.

Exames cumulativos!

Se eu quero saber se um aluno da faculdade de Direito pode passar do 3º para o 4º ano, devo examiná-lo sobre tudo o que ele estudou DESDE QUE ERA CALOURO.

Certa vez, conversando com um professor da Escola Paulista de Medicina (Unifesp), que estava enaltecendo a altíssima qualidade de ensino de sua instituição, eu me saí com esta:

– Vou provar que sua escola não presta!

– Como? – perguntou ele indignado, mas não ofendido, pois percebeu o tom de brincadeira com que falei.

– Fácil. Escolha no 6º ano os alunos que tiraram as melhores notas na matéria de Bioquímica do 1º ano e faça-os repetir os exames junto com os calouros do 1º. Suas notas, agora que são quase médicos, muito mais experientes, serão melhores ou piores do que as que obtiveram na primeira vez?

– Provavelmente piores. Afinal, faz tanto tempo... – retrucou o professor.

Em vez de fazer a pergunta clássica: "Então por que colocaram Bioquímica no currículo, se seu destino era ser esquecida?", limitei-me a esboçar um sorrisinho irônico e fiquei em silêncio.

Como meu interlocutor era um profissional muito inteligente, ele captou o ponto da questão e acabou me dando razão.

Deve-se, então, retirar das escolas a possibilidade de fornecer qualquer tipo de diploma ou certificado válido. A própria aprovação ou reprovação do aluno de uma série a outra não pode ser decidida pelos resultados obtidos na escola, só no exame estatal.

O magnífico exemplo dado pelo exame da OAB deveria ser seguido em todos os cursos. Um diploma de bacharel em Direito é um pedaço de papel sem valor nenhum, caso não seja validado pelo exame da Ordem.

É claro que, dada a incompetência intrínseca do Estado, a tarefa de examinar deverá ser terceirizada para uma ou mais instituições, como Fuvest ou Fundação Carlos Chagas – esta última responsável, em um passado recente, pelos mais eficientes exames vestibulares já realizados neste país.

A função do Estado deveria ser apenas a de administrar. E o próprio Estado seria fiscalizado por entidades privadas, que não permitissem a elaboração de provas absurdas, e pelo poder judiciário.

Assim como existe hoje uma Justiça do Trabalho ou uma Justiça Eleitoral, deveria existir uma Justiça Educacional, na qual examinadores irresponsáveis seriam enquadrados.

A necessidade de fiscalização é fundamental. Só para exemplificar, no primeiro embrião de um exame estatal já tentado, o famoso "Provão", ao elaborarem dez questões para os formandos em Engenharia Civil, quatro (repito, quatro, ou seja, 40%!) continham dados em desacordo com a ABNT (Associação Brasileira de Normas Técnicas).

Como diziam os romanos: "*Quid custodiat ipsos custodes?*".

Em nosso caso... "Quem examina os examinadores?".

– E qual o papel das escolas? – mais uma vez você tem o direito de questionar.

Ensinar, ensinar, ensinar.[102] E só.

– Mas se não existirem mais escolas públicas, onde o aluno carente vai estudar?

Nas particulares, ora!

– Pagando como?

Simples! **Não vai pagar**. Quem vai pagar é o Estado, fornecendo bolsa de estudos.

Mas vai faltar dinheiro público! Não há verba para isso!

Muito pelo contrário! Vai é sobrar!

Você sabia que, no estado de São Paulo, um aluno matriculado no ensino médio estatal custa, em média, o TRIPLO do que custa a mensalidade em uma boa escola?

E que uma criança do Ensino Fundamental do município de São Paulo custa o DOBRO?

Ou seja, se o Estado encerrasse suas atividades de "ensinador" utilizando, a partir daí, o dinheiro público para gerar bolsas de estudo nas escolas particulares, eu, você e mais alguns milhões de brasileiros pagaríamos menos impostos!

E, ainda por cima, teríamos um ensino de altíssima qualidade para nossos filhos!

– Espera aí! Onde você foi buscar esse "ensino de altíssima qualidade"?

Mais uma vez... simples. Se o Estado se limitar a fornecer a bolsa sem impor onde o aluno carente deverá estudar, é claro

102 A rigor, fazer o aluno aprender, aprender, aprender!

que ele procurará a escola que obteve os melhores resultados nos tais exames estatais.

As escolas que montarem um esquema de ensino VERDADEIRO, eficiente como foi o do cursinho nos últimos 60 anos, estarão abarrotadas de alunos (como o cursinho sempre esteve).

As escolas desonestas (sim, desonestas, e há muitas – a maioria, eu ousaria dizer!) e/ou incompetentes desaparecerão em curto prazo.

A qualidade do ensino no Brasil nos faria saltar, em uma geração, à frente de todos os países ditos desenvolvidos. O ensino, assim desburocratizado, teria de se tornar de altíssima qualidade.

– Com 180 ou 200 dias letivos?

Ora! Se alguém conseguir montar um esquema eficiente com 60 dias letivos e obtiver bons resultados... por que não?

Mas... 45 ou 50 alunos por sala?

Perceberam como essas perguntas se tornaram sem sentido?

Sei lá quantos! Cada um que decida e veja os resultados depois. No cursinho, com 200 alunos na sala, consigo ser incomparavelmente mais eficiente do que concorrentes que limitam o número a 30.

E se alguém, suficientemente autodidata, chegar à conclusão de que prefere se preparar sozinho para o exame estatal, por que impedi-lo?

A estéril discussão entre ensino presencial e ensino a distância se tornaria ridícula.

Notem que não se trata de uma utopia ou de um sonho.

Estou falando de coisas reais que já estão sendo realizadas, em escala reduzida, há 60 anos.

Se no cursinho funcionou (e funciona), por que não em todo o Brasil?

E uma vantagem adicional seria a de nos livrarmos das diretorias de ensino, das pseudopedagogas e das tais "autoridades de ensino".

Existe alguma experiência nesse sentido em algum outro país?

Que eu saiba não.

Mas, diferente de ser um ponto contra, isso passa a ser uma vantagem. Já que perdemos o bonde da história tantas vezes, não seria o caso de ultrapassar os outros de Ferrari?[103]

E no Brasil, isso já foi proposto?

Bem, há alguns anos fui convidado pelo Estado Maior do Exército, em Brasília, a participar de um simpósio sobre a reformulação do sistema de educação e treinamento do Exército brasileiro para o século 21.

Não fui muito bem entendido, pois falei de ensino a distância pela internet em uma época em que quase ninguém sabia o que era internet; falei em simuladores de pilotagem de helicópteros e blindados por realidade virtual em uma época em que quase ninguém tinha lido o *Neuromancer*, de William Gibson.

Mas o que causou mais estranheza foi minha sugestão de que se criassem duas corporações totalmente distintas e até antagônicas: os Instrutores e os Examinadores.

Pois é, se tivessem aceitado minha sugestão, já teríamos um bom exemplo para levar esse projeto adiante.

---

103 No dia em que resolvemos realizar eleições informatizadas, não passamos na frente dos chamados países de primeiro mundo?

Infelizmente, apesar da extrema inteligência de um dos generais com quem conversei (durante a ditadura militar, ao contrário, tive o desprazer de conhecer "outros" generais), a instituição Exército é reacionária demais para assumir atitudes muito inovadoras.

Parece, porém, que um dos dois brigadeiros presentes levou a coisa a sério e que a Aeronáutica começou a se orientar, na área de Instrução, nesse sentido.

Alguns programas federais (como o ProUni) também começaram timidamente a ensaiar essa privatização do ensino. É óbvio que de forma estranhamente invertida.[104] Em vez de começar pelo Ciclo Básico, em que o privado oferece condições melhores do que o público, começaram pelo Superior, no qual a situação é exatamente a oposta!

Todos esses projetos, porém, não funcionarão se não começarem a estatizar os exames.

Isso mesmo: **privatizar o ensino** e **estatizar a avaliação**.

A atribuição de diplomas e certificados válidos deve ser monopólio do Estado!

– Ah, mas o Estado já faz isso quando exige que o diploma seja registrado no MEC – alguns argumentam.

Trata-se de uma medida burocrática absolutamente inócua. Validar exames realizados por outros não é controle de qualidade!

Eu sei que, a esta altura do livro, tem gente achando que estou sonhando.

É claro que estou! Estou imaginando um Brasil forte e desenvolvido que aproveite ao máximo seu maior recurso natural: o cérebro de seus jovens.

---

104 A razão é simples: aluno universitário tem título de eleitor, criança não!

Mas, para isso, devemos nos livrar dos corruptos, dos incompetentes e dos parasitas, que sugam o pouco da eficiência que há em nosso sistema educacional.

Vai ser difícil, mas tenho certeza de que, se mudarmos as coisas de baixo para cima, gradualmente poderemos virar a mesa e transformar as regras do jogo!

Enquanto isso, porém, vamos administrar a realidade atual.

ADMINISTRANDO O ROMBO NO CASCO

Os que sabem como pensar não precisam de professores.

Mahatma Gandhi (1869-1948)

Em primeiro lugar, é indispensável ter bem claro qual é nosso objetivo:

Tornar nossos alunos mais inteligentes, transformando-os em autodidatas.

Todo o resto é secundário. E quais as estratégias a serem utilizadas para alcançar esse objetivo? Eu diria que são apenas três:

1. ENSINAR A ASSISTIR À AULA

Todos, repito, TODOS os professores de uma escola devem ter a atitude uniforme e coerente de não admitir nenhum tipo de desordem durante a aula.

Se o momento é de explicação, é necessário exigir silêncio e não continuar a explicação enquanto não houver silêncio total. Falar mais alto para sobrepujar o ruído das conversas é a atitude mais idiota que um professor pode tomar!

Isso, porém, só funcionará se todos os professores tiverem a mesma atitude e se todos, em conjunto, exigirem da direção da escola atitudes severas para os indisciplinados.

É fundamental interagir intensamente com as famílias dos alunos para que se estabeleçam normas de comportamento.

Também é preciso conscientizar os pais de que eles devem ser os primeiros a exigir um comportamento disciplinado dos filhos.

Em suma, reverter esse processo absurdo de tolerância com uma situação que torna a aula um evento caótico e absolutamente ineficiente.

Como já disse, a aula não é a parte mais importante do processo de aprendizagem, mas isso não significa que ela não seja importante.

É o momento da explicação, da motivação, do despertar da curiosidade.

Deixar isso se estragar porque duas pequenas dondoquinhas resolvem, por exemplo, fofocar a respeito da roupa que irão usar na balada de sexta à noite durante uma explicação é algo que atinge as raias do surrealismo!

Vou correr agora o risco de me tornar mais insistente e repetitivo do que normalmente sou: a atitude disciplinadora deve ser de TODOS os professores!

2. ENSINAR A ESTUDAR

Esta é a parte mais importante do processo: estudar.

Estudar significa, como já vimos, estudar as aulas do dia NO MESMO DIA. Para orientação de estudo, o aluno deve receber do professor a tarefa a ser realizada no dia, ANTES QUE SE PASSE UMA NOITE DE SONO (ou antes que se passe um longo período de sono).

O aluno deve ser conscientizado pela escola e por TODOS os professores de que a tarefa é a parte mais importante do processo.

Nenhum professor pode se permitir dar uma aula sem que ela venha acompanhada de uma tarefa.[105]

O trabalho deve ser de conscientização, e não de coação. O aluno deve perceber que o hábito do estudo diário é um benefício para ele, e não uma regra imposta pela escola. A tarefa, se possível, não deve ser premiada com nota.

Aliás, é bom começar a valorizar cada vez menos as notas e a estúpida burocracia "aprovatória"[106] e começar a dar mais importância ao aprendizado real.

Os alunos que estudam todo dia acabam estudando menos, tendo mais horas para o lazer, e percebem que não há mais necessidade de se estudar na véspera da prova. Se os alunos da Faculdade de Medicina tivessem estudado as aulas de bioquímica

---

105 Verifiquei, estarrecido, que há professores que passam, sim, uma tarefa após cada aula, mas sobre um assunto completamente diferente do que foi visto nela! Isso é pior do que não passar nenhuma lição, pois rouba o tempo de estudo do pobre aluno.

106 Que leva ao já comentado absurdo do "Já fechou!".

do dia no mesmo dia, no 6º ano teriam condições de repetir as provas dessa matéria do 1º com pleno sucesso.

Para quem estuda todo dia não existe a desculpa esfarrapada do "... mas faz tanto tempo..."!

Dessa forma, os alunos que se transformam em estudantes tornam-se cada vez mais inteligentes, cada vez mais autônomos, cada vez menos dependentes.

É isso que devemos buscar com toda a nossa alma. É este que deve ser o objetivo último de um professor: tornar-se inútil no fim do processo.

A crisálida vira borboleta, e o casulo pode ser descartado.

Deve-se, principalmente, orientar o aluno sobre a importância do "fazer". Sempre estudar com um lápis na mão. Sempre estudar "fazendo".

Insistir que "fazer" não é digitar e, muito menos, desenhar riscos amarelos com a caneta marca-texto. Valorizar ao máximo a persistência, e não a nota alta. Já que a tarefa de elaborar as provas ainda nos cabe,[107] devemos nos preocupar em elaborar provas cumulativas.

Quando o aluno perguntar:

– O que vai cair na prova?

A única resposta admissível deverá ser:

---

107 Espero que um dia possamos comemorar o fato de a prova vir de fora ao redor de uma alegre fogueira, na qual estaremos usando como combustível todos os malditos diários de classe.

– TUDO!!!

Outra coisa muito útil é algo que caiu da moda, mas que podemos tranquilamente resgatar: a prova surpresa!

Tudo isso seria muito lindo e eficaz se não nos defrontássemos com um problema seriíssimo: o césio-137 tornou-nos analfabetos funcionais!

Como pode ser autodidata alguém que não consegue interpretar um texto, alguém que tem um vocabulário de poucas centenas de palavras?[108]

Para isso, meu caro professor, só existe uma saída: fazer o aluno ler muito! Atente, porém, para um detalhe: só lê muito quem lê por prazer, e não por obrigação. Isso nos leva ao terceiro ponto:

3. CRIAR O PRAZER PELA LEITURA

Como é fato sabido por qualquer indivíduo que tenha frequentado uma escola no Brasil, nosso sistema é eficientíssimo em estimular, na criança e no jovem, o mais profundo e visceral ÓDIO PELA LEITURA!

E não adianta negar. Não vamos tampar o sol com a peneira. A responsabilidade é dos professores! O césio-137 só contribui para a distração e para o reluzente *glamour* da diversão fácil, chã e imediata.

Quais são os erros cometidos pelos professores?

Basicamente, eu diria que são dois: a **obrigatoriedade** e a **escolha** dos textos.

---

108 A chimpanzé Washoe, usando linguagem de sinais, tinha um vocabulário comprovado de pelo menos 250 palavras. Como gostaria de tê-la tido como aluna!

A obrigatoriedade é um crime! Adotar o livro do bimestre, fazer todos comprarem o mesmo livro e fazer o livro "cair na prova" é de uma ingenuidade tão grande que só não é percebida com espanto porque quase todo mundo comete esse mesmo equívoco!

O erro (e o crime, insisto) é tão comum que passa a ser "normal".

Pois é, meus caros professores e pedagogas inteligentes, isso **não é normal**.

Quem é você para se permitir escolher pelos outros? No máximo você pode sugerir, jamais obrigar.

É um erro terrível que deve ser eliminado o mais depressa possível.

É uma das principais causas do ÓDIO.

Mas como consertar isso?

Existem vários caminhos. Vou citar o que mostrei para várias escolas e que, ao ser adotado, mostrou resultados bastante positivos.

Em vez de propor UM livro, proponha um amplo leque de obras.

Para isso, nas escolas, existe um aposento chamado biblioteca. Paupérrimo, na maioria dos casos. Pouco frequentado, a não ser que existam lá alguns computadores, já que se criou a lenda de que a leitura, nos tempos "atuais", passou a ser eletrônica (quanta burrice, meu Deus!).

Inicialmente, o aluno tem o direito de escolher a que mais lhe agrada.

Eu sempre digo:

– Foram escritos milhões de livros no mundo. Um, com certeza, foi escrito para você!

– Qual deles é o meu? – pergunta o aluno.

– Não sei, só você pode saber.

– Então, como faço para achar?

– Comece a ler um livro qualquer do leque. Se estiver chato, pode parar e começar outro.

– Posso parar?! – pergunta com espanto o pobre coitado que, pelo sistema dito "normal", foi sempre obrigado a engolir a amarga pílula até o fim (vai cair na prova!).

– Claro! Sua tarefa não é ler um livro, mas, sim, descobrir o SEU livro! Mesmo que outros digam que se trata de uma das obras-primas da literatura brasileira, ele é uma obra-prima para quem diz isso, não para você.[109]

– Mas... e se eu não gostar também do outro?

– Ora! Pare e comece mais um. Repita o processo até achar o seu. Depois de fazer isso várias vezes, o perigo é criar a sensação de que todos os livros do mundo são chatos. Não é verdade, não desista! Com certeza você vai achar seu livro. Vá por mim, vai valer a pena!

Se o leque for suficientemente amplo, e a biblioteca tiver uma variedade de obras suficientemente rica,[110] com certeza ele achará o seu livro:

– Puxa, professor, nunca achei que um livro pudesse ser tão divertido. Não conseguia parar de ler!

ESTÁ A SALVO!

---

109 Pode ser que, após se tornar um leitor, o aluno, ao reler a tal "obra-prima", venha a gostar dela. Mas certamente não nessa fase!

110 Queridas pedagogas inteligentes, já ouviram falar em uma estranha forma de comércio de livros baratíssimos chamada "sebo"?

Está a salvo não porque achou um livro divertido. Está a salvo porque descobriu que LER É DIVERTIDO.

Note que, assim, o professor encarregado dessa tarefa vai ter muito mais trabalho do que pelo método do "livro do bimestre". Talvez ele deva ser auxiliado pelos outros nessa meritória tarefa.

Talvez seja conveniente que todos os professores envolvidos nesse projeto leiam todos os livros do leque e os discutam entre si (até para decidir quais devem constar em função da idade do grupo de alunos).

Cada aluno "salvo" é uma preciosidade que deve ser explorada ao máximo. Ele vai à frente da classe e explica para os colegas (sem contar toda a história, é óbvio) por que achou o livro tão divertido.

Quanto mais colegas ele conseguir convencer a ler o mesmo livro, maior será a nota dele.

Ou seja, ele ganha uma merecidíssima nota de marketing!

Qualquer professor que tenha observado o efeito multiplicador de um simples: "Pô, cara... mó legal!", sabe do que estou falando.

Sem esse efeito, jamais teríamos uma grande quantidade de leitores que assim se tornaram graças a *Senhor dos Anéis*, *Harry Potter*, *O Código da Vinci*, *Crepúsculo* e tantos outros livros "mó legais!".

Percebam o imenso valor da indicação de um colega.

"Quem aconselhou a leitura foi meu amigo, um ser humano, não um professor!"

Funciona? Dá trabalho, mas funciona!

Uma professora de literatura me contou um *case* interessantíssimo.

Após uma visita minha à sua escola, ela adotou a técnica do leque.

– Professor, que maravilha! Todos os meus alunos viraram leitores.

Todos, menos um. Um rapaz esforçado que ia rejeitando sucessivamente os livros oferecidos até esgotar o leque. Não gostava de nenhum!

A professora quase desistiu dele. Mas, como se trata de uma professora, e não de uma pseudopedagoga, ela resolveu lutar. Afinal, o que estava em jogo não era uma dissertação de mestrado, e, sim, a vida intelectual de um aluno que os pais lhe haviam confiado.

Ampliou o leque.

Nada feito!

Com uma pertinácia digna de admiração, a professora pegou o jovem recalcitrante pela mão e o levou até a biblioteca municipal da cidade.

– Querido, aqui você tem milhares de livros. Um deles, com certeza, é o seu! Ache-o! Quando finalmente você encontrar um de que gostou, faça um trabalho comentando a respeito dele e empreste-me o livro para que eu também o leia, de forma a poder julgar seu trabalho.

Cá entre nós, não dá vontade de dar um beijo na testa de uma professora assim? Pois bem, ela finalizou a história contando:

– Professor, ele achou o livro dele, adorou, fez um trabalho fantástico a respeito, com uma profundidade insuspeitada, e não precisou me emprestar o livro porque eu já o havia lido.

O livro?

OS MISERÁVEIS, de Victor Hugo!

Agora eu pergunto: como é que poderíamos adivinhar que um jovem, aparentemente refratário à leitura, iria se apaixonar justamente por essa obra que, cá entre nós, não é nada fácil?

Por isso, a regra número um é: quando você for à pizzaria, deixe cada um escolher sua pizza, e não escolha pelos outros. Você não tem esse direito!

Por falar em **escolha** da pizza, vamos ao segundo grande equívoco cometido pelos professores – a **escolha** do texto.

Na Idade Média, ninguém poderia ser considerado de nível superior se não tivesse enfrentado o estudo dos sete caminhos das artes liberais: o *Trivium* (Gramática, Retórica e Dialética) e o *Quadrivium* (Aritmética, Geometria, Astronomia e Música).

Dá para notar quão antiga é a clássica divisão entre a área de Humanas (*Trivium*) e a de Exatas (*Quadrivium*).

Para os que estranham a inclusão da Música na área de Exatas, gostaria de alertá-los de que a Teoria Musical é um ramo da Matemática.

Obviamente, as artes do *Trivium* eram muito mais fáceis de serem assimiladas que as do *Quadrivium*, e é por isso que, até hoje, quando algo é muito fácil e óbvio dizemos que é "**trivial**".

Mesmo que seja desagradável e embaraçoso admitir, todos nós sabemos que um dos mais graves defeitos dos professores no Brasil é focar-se exclusivamente no *Trivium* ou no *Quadrivium*.[111]

É um absurdo que um professor de Matemática cometa erros de concordância ou que uma professora de Redação não saiba resolver um sistemazinho de duas equações a duas incógnitas.

Note que não estou exigindo um profundo conhecimento de nível superior. Estou pedindo, apenas, que o professor saiba o que supostamente aprendeu quando completou o Ciclo Básico.

A causa dessa distorção? Simples: nós, professores, fomos também vítimas de um sistema no qual o importante era tirar nota, e não aprender!

Mas, caro professor, agora que você comprovou neste livrinho que seu cérebro é um maravilhoso computador, dotado de uma plasticidade que permite reconfiguração em qualquer idade, que tal ampliar seus horizontes?

E uma excelente oportunidade está no seu envolvimento nessa maravilhosa tarefa de criar, no aluno, o prazer pela leitura.

Além de ampliar o leque no quesito título e autores, que tal ampliá-lo, também, no quesito GÊNERO LITERÁRIO?

Até agora a escolha do gênero esteve nas mãos do pessoal do *Trivium*, o que gerou um leque de opções muito limitado. A chamada literatura, enfatizada em nossas faculdades de Letras e ensinada por professores que desconfio de que não gostem de ler, é duplamente limitada.

---

111 E, graças à catástrofe que é o ensino da Matemática, muitos preferem o caminho mais "suave" do *Trivium*!

Limitada nos autores que, por uma questão de chauvinismo, devem ser exclusivamente os que escrevem em português,[112] e limitada no gênero, muito mais vitral do que vidraça.

É uma literatura pedante e, vamos admitir, salvo raras exceções... chata!

Mas será que existe um gênero literário que consiga abranger o *Trivium* e o *Quadrivium*?

Claro que existe: a eternamente injustiçada ficção científica.

Antes de continuar, gostaria que você, meu caro leitor, limpasse sua mente dos preconceitos que o termo ficção científica (que chamarei de FC daqui para a frente) evoca. Essa literatura não trata de foguetes, naves espaciais, futuros mirabolantes, monstros alienígenas e outros chavões com os quais estamos acostumados.

Só para citar dois mundos que já apareceram na tela, para simplificar sua identificação: *Star Trek* (*Jornada nas Estrelas*) e *Star Wars* (*Guerra nas Estrelas*).

Star Trek é FC e de muito bom nível.

Star Wars não é FC, é bangue-bangue espacial.[113]

Poderia continuar aqui dando milhares de exemplos de obras de FC. Vou citar apenas dois.

---

112 Já ouvi uma "intelectual" afirmar "Me recuso a ler traduções"! Deu-me vontade de retrucar: "Então aprenda o idioma original, sua preguiçosa!".

113 Isso, porém, não impede que eu me divirta muito assistindo a um filme da série *Star Wars*.

EXEMPLO 1

Um foi criado há mais de meio século.

Após a descoberta de um tipo de propulsão que permite superar a velocidade da luz, uma nave espacial é enviada para uma exploração da galáxia em uma missão que durará cinco anos.

Na ponte de comando, o piloto é japonês (pouquíssimo tempo depois de Pearl Harbor), o navegador é russo (em plena Guerra Fria), o oficial de ciências é um alienígena (em plena paranoia ufológica) e a oficial de comunicações é uma negra que, em um dos episódios, beija o capitão branco, numa época em que no Alabama os ônibus tinham assentos separados em função da cor dos passageiros.

Título da história, ***Star Trek***, viva até hoje. Quando a atriz negra quis sair do seriado para seguir carreira independente, livrando-se um pouco da personagem (tenente-comandante Uhura), o próprio Martin Luther King pediu-lhe para que permanecesse, pois ela estava fazendo, segundo ele, mais pela causa da integração do que todos os possíveis discursos que ele pudesse pronunciar.

EXEMPLO 2

O segundo exemplo foi criado há mais tempo ainda por um autor do tipo *Trivium*.

Eleições nos Estados Unidos. Um candidato branco e outro negro.

Jamais, segundo nosso autor trivial, o negro vai ganhar, porque um ser de "raça inferior" jamais poderá governar o grande país da América do Norte.

Mas aí, uma mulher, "burra como todas as mulheres, com essa mania de querer se igualar aos homens", candidata-se e produz um desastre!

Divide o voto dos brancos, e o negro ganha! É a desgraça! Então, um cientista muito inteligente (que obviamente, por ser muito inteligente, só poderia ser branco) inventa um remédio que alisa o cabelo dos negros. Como todos sabem, o sonho de qualquer negro é ter cabelos lisos, portanto todos os negros norte-americanos tomam o tal remédio. Mal sabem eles, porém, que, em um lance de extrema astúcia, o remédio, além de alisar os cabelos, esteriliza! Dessa forma, todos eles terão cabelos lisos, mas não terão mais filhos, e na próxima geração o grande país da América do Norte se verá livre dessa raça inferior e voltará às mãos da pura raça ariana!

Título? ***O presidente negro*** ou *O choque das raças*.

Autor?

Monteiro Lobato, o mesmo que, no *Sítio do Picapau Amarelo*, retrata a personagem negra como analfabeta, ignorante e supersticiosa. Quem? A Tia Anastácia, vulgo "**a negra beiçuda**".

É óbvio que, elegendo um nazistoide desses como "um grande autor de literatura infanto-juvenil", tenhamos criado uma geração de racistas enrustidos que se permitiu perpetrar um dos maiores crimes racistas que poderiam ter sido cometidos: COTAS PARA NEGROS!

É o fim do mundo, não? Está mais do que na hora de mudarmos as regras do jogo.

Pegue por exemplo Arthur Clarke.

– Arthur Clarke?

– Como? Você nunca ouviu falar nele? Você não leu, por exemplo, *O Fim da Infância*? O que está esperando? Você nunca viu uma antena parabólica apontando para um satélite geossincrônico? Que tal investigar o que é isso? Ah!, já sei; você estava muito ocupado lendo *Os Sertões*, de Euclides da Cunha!

Mas, voltando ao Clarke, certa vez ele escreveu, no prefácio de uma antologia, algo assim:

> *Sempre achei que a FC fosse um gênero literário que servisse como ponte entre duas culturas, a das ciências humanas e a das exatas. Estava enganado. É um absurdo achar que existam duas culturas. Alguém que conhece tudo sobre Shakespeare e nunca ouviu falar no Segundo Princípio da Termodinâmica é tão ignorante quanto alguém que conseguiu entender Mecânica Quântica e acha que quem pintou a Capela Sistina foi Van Gogh!*

Podemos, então, matar dois coelhos com uma cajadada só. Propor aos nossos alunos obras que, além de criar o prazer pela leitura, criem também o interesse pela ciência em um país excessivamente bacharelesco e, ao mesmo tempo, fazer os professores juntar o *Trivium* com o *Quadrivium*!

Mas por que a FC sofre tanto preconceito, sendo considerada, pelos críticos literários, uma forma de subliteratura?

Simples! É porque um crítico literário é alguém da turma do *Trivium* e não tem formação para perceber a beleza de algo que só pode ser apreciado por alguém do *Quadrivium*!

Um grande autor norte-americano de FC, Orson Scott Card,[114] certa vez me explicou de forma didática o porquê dessa ignorância:

– Imagine um mecânico que foi treinado para desmontar um equipamento de forma a poder analisá-lo – começou Orson em um português surpreendentemente fluente. – É o que faz o crítico. Desmonta o texto usando as ferramentas com as quais foi treinado quando cursou a faculdade de Letras. Mostraram a ele uma chave de fenda e um parafuso em cuja cabeça está entalhada uma fenda. Isso é um parafuso e essa é a ferramenta que você vai usar para afrouxá-lo.

Aí ele deu a explicação que me fez entender o porquê do preconceito:

114 Autor do *Ender's Game*.

– Se aparecer um parafuso de cabeça sextavada, ele não vai admitir que não possui a ferramenta adequada. Ele vai é dizer: "Isto não é um parafuso!".

Quando uma obra-prima de FC é apresentada a um desses limitados críticos, ele vai entender a parte do *Trivium* e ficar muito perploxo com o *Quadrivium*.

O que ele diz?

– Isso não é literatura!

Por outro lado, se a parte do *Trivium* for suficientemente dominante na obra para que nosso limitado crítico possa apreciá-la mesmo sem entender ou estimar o *Quadrivium*, ele simplesmente irá dizer:

– Isto não é FC; é literatura!

É o que acontece, por exemplo, com *Admirável Mundo Novo*, de Huxley, ou *O Homem Ilustrado,* de Ray Bradbury.

Acho que está na hora de repensar um pouco tudo isso, a menos que queiramos continuar nessa indigência intelectual na qual os arrogantes limitados do *Trivium* nos colocaram.

Está na hora de fazer os professores universitários tomarem consciência do analfabetismo funcional que tomou conta do país e fazê-los indicar, para o vestibular, obras como *Moby Dick*, *Fahrenheit 451*, *A Mão Esquerda da Escuridão* etc., dando um descanso à Iracema dos lábios de mel!

Leitura, muita leitura!

É disso que o Brasil precisa!

Monteiro Lobato certa vez disse que uma grande nação é construída por homens e livros.

Nem nessa ele acertou!

Em primeiro lugar, é bom deixar claro que livros não constroem uma nação... Livros constroem pessoas, e são as pessoas, em segundo lugar, não apenas os "homens", mas os homens e as **mulheres** de todas as etnias, e não só "arianos", que constroem uma grande nação!

Parte 5

ENCERRANDO

LEITURAS ACONSELHADAS

Excetuando-se um ser humano vivo, não há nada de mais maravilhoso do que um livro. Uma mensagem recebida por nós vinda da morte, vinda de almas de homens que nunca vimos; que viveram, talvez, a milhares de milhas de nós e, mesmo assim, por meio dessas pequenas folhas de papel, nos falam, nos ensinam, nos confortam e abrem seus corações para nós como se fossemos irmãos.

Charles Kingsley (1819-1875)

Este capítulo não é uma bibliografia, mas, sim, uma breve resenha de alguns livros que considerei fundamentais em minha formação, tanto como professor quanto como ser humano.

Gostaria muito que você tentasse ler alguns deles, talvez para que possamos nos entender melhor. Com certeza você vai adorar alguns e odiar outros. Cada um de nós tem um gosto diferente. Mas uma coisa eu garanto: na relação a seguir, você vai achar muita vidraça e poucos vitrais. Após o nome da editora, coloquei, em itálico, um breve comentário pessoal.

COMO ACHAR ESSES LIVROS?

Nesta relação, incluí apenas livros editados no Brasil ou em Portugal.

Alguns compõem o catálogo de editoras brasileiras; outros estão esgotados, só podendo ser encontrados em sebos.

Com a internet, porém, encontrar algo em um sebo ficou facílimo. Experimente, por exemplo, entrar em qualquer site de busca e digite "sebos on-line".[115] Certamente você irá achar o livro que está procurando e a preços muito interessantes.

Muitos livros têm edição recente e podem ser comprados como novos, mas existem, também, edições anteriores, bem mais baratas, que podem ser encontradas nos sebos.

MEUS TRÊS LIVROS FUNDAMENTAIS

Entender a Teoria da Relatividade de Einstein foi fácil (já lecionei o assunto na Escola Politécnica da USP).

Para mim, entender o ser humano foi muito mais difícil. Psicanalistas e poetas não conseguiram me ajudar muito.

Felizmente, encontrei três livros maravilhosos que me deram uma visão satisfatória de quem eu sou e de qual é minha realidade biológica e mental:

O MACACO NU[116]

Desmond Morris (Record)

Na face da Terra existem três espécies de chimpanzés: **Pan troglodytes, Pan paniscus** *e* **Homo sapiens***: um zoólogo resolveu estudar a terceira.*

---

115 Por exemplo: www.estantevirtual.com.br

116 Título, em minha opinião, muito mal traduzido: *The Naked Ape* seria o equivalente a *O símio pelado* ou *O símio sem pelos.*

O GENE EGOÍSTA

Richard Dawkins (Companhia das Letras)

Darwin revisto e ampliado!

OS DRAGÕES DO ÉDEN

Carl Sagan (Francisco Alves)

Um astrofísico resolveu penetrar no cérebro humano. Fantástico!

SOBRE LIVROS E LEITURA

FAHRENHEIT 451

Ray Bradbury (Globo)

Imperdível. Não admito um curso de literatura no qual esse livro não seja exaustivamente discutido!

NO MUNDO DA FICÇÃO CIENTÍFICA

Isaac Asimov (Francisco Alves)

Uma antologia de prefácios e curtos artigos nos quais, entre outras coisas, o genial Asimov destrói o 1984 *de Orwell! Sua análise de* Frankenstein *de Mary Shelley (outro livro que aconselho) é imperdível.*

LEITURAS VARIADAS

TRILOGIA DA FUNDAÇÃO:

- FUNDAÇÃO
- FUNDAÇÃO E IMPÉRIO
- SEGUNDA FUNDAÇÃO

Isaac Asimov (Aleph)

"Há uma série muito antiga de Isaac Asimov – os romances da Fundação – nos quais os cientistas sociais entendem a verdadeira dinâmica da civilização e a salvam. Isso é o que eu queria ser. E isso não existe, mas a economia é o mais próximo que se pode chegar. Então, como era um adolescente, eu embarquei nessa."

Esse comentário não é meu, é de Paul Krugman, Prêmio Nobel de Economia de 2008.

O meu comentário é mais prosaico: lembro-me até hoje de ter entrado em uma livraria de um shopping de São Paulo, comprado o volume 1 e, com ele embaixo do braço, fui cortar o cabelo. O barbeiro teve de me acordar de uma espécie de transe no qual mergulhei ao começar a leitura!

TROIA

Cláudio Moreno (L&PM)

Um livro fantástico para quem já viveu a **Ilíada** *de Homero. Encontrei-o, por acaso, em uma estante giratória dentro de uma farmácia. Por que, em vez de indicar* **Dom Casmurro**, *os professores universitários não optam por essa pequena obra-prima?*

MOBY DICK

Herman Meville (Cosac Naify)

Esse dispensa quaisquer comentários. Consegue ser vidraça e vitral ao mesmo tempo. Isso sim é talento.

NEVASCA (Snow Crash)

Neal Stephenson (Aleph)

Segundo a revista Time, *um dos 100 melhores romances escritos em língua inglesa no século 20. Em minha opinião, o melhor que já li em 2009 – de forma magistral vemos até onde poderia nos levar o césio-137!*

O CONDE DE MONTE CRISTO

Alexandre Dumas (Zahar)

Segundo Pucci, as dez coisas que você pode aprender lendo esse livro:

1. Não seja ingênuo: as pessoas não suportam seu sucesso.
2. Cuidado com as tramas em que se envolve.
3. Se em um momento difícil alguém lhe estender a mão... agarre-a!
4. Algumas oportunidades podem parecer boas demais. Mesmo assim acredite nelas.
5. Recompense quem o ajudou.
6. Relacione-se com os poderosos. De qualquer área, diga-se de passagem.
7. Às vezes é preciso armar situações para se aproximar de alguém.
8. Coma pelas beiradas.
9. Tudo muda.
10. Hollywood destrói boas histórias.

O HOBBIT
O SENHOR DOS ANÉIS

J. R. R. Tolkien (Martins Fontes)

Já foi dito que a humanidade se divide em duas: os que leram **O Senhor dos Anéis** *e os que ainda não o leram. Em qual você está?*

A MÃO ESQUERDA DA ESCURIDÃO

Ursula K. LeGuin (Aleph)

O projeto básico de um ser humano é uma fêmea. Se o embrião, porém, em vez de ter os cromossomos XX, tiver YX, o projeto é desviado em certo momento, e o clitóris vira pênis, os ovários tornam-se testículos e o útero não passa de um pequeno grão de células que permanece atrofiado. Os mamilos masculinos são um vestígio do que deveria ter acontecido, mas foi desviado pelo Y!

Imagine, agora, um planeta distante no espaço e no tempo no qual os seres humanos evoluíram segundo uma linha diferente. Todos nascem sem sexo e, quando chega a época da reprodução, entram em uma espécie de cio desenvolvendo órgãos sexuais que os transformam, provisoriamente, em machos ou fêmeas. Essa escolha é involuntária e imprevisível, de forma a se criarem famílias nas quais o mesmo genitor pode ser pai de um dos filhos e mãe de outro.

Duvido que, após a leitura dessa obra-prima amplamente premiada, alguém possa conservar algum preconceito de gênero!

O HOMEM DO CASTELO ALTO

Phillip K. Dick (Aleph)

Com certeza você já assistiu aos filmes **Blade Runner – O Caçador de Androides, O Exterminador do Futuro, Total Recall, Minority Report** *e tantos outros, todos baseados em livros de um dos mais criativos, malucos e férteis autores de FC: Phillip K. Dick!*

Imagine, agora, um universo paralelo no qual as forças do Eixo (Alemanha nazista, Itália fascista e Japão imperialista) ganharam a Segunda Guerra Mundial. Isso sim é que é distopia – que 1984, *que nada! Um dos personagens é um judeu que tenta ocultar sua etnia, e, por ironia, temos também um autor de FC que tenta imaginar um universo paralelo no qual os Aliados teriam ganhado. É imperdível. Não consigo conceber um professor de História ou Geopolítica que não tenha lido esse livro.*

O FIM DA INFÂNCIA

Arthur C. Clarke (Aleph)

Toda vez que você vir, em algum telhado, uma antena parabólica apontando para um satélite geoestacionário, por favor, olhe para o céu e murmure: "Obrigado, Arthur".

A FC não prevê o futuro... ela CRIA O FUTURO.

Nesse livro, o Trivium *e o* Quatrivium *encontram-se de forma harmoniosa e muito comovente. É quase impossível que um livro ou um filme me arranquem lágrimas. O filme* PEIXE GRANDE *e o livro* O FIM DA INFÂNCIA *conseguiram!*

OBSERVAÇÃO FINAL

Gostaria de continuar esta lista com outras tantas obras que me entusiasmaram, mas não posso fazê-lo por falta de espaço.

A maioria, por sinal, não estaria em português, e eu quis me limitar ao nosso idioma.

Queria, também, deixar um último conselho: leia o que seus filhos e alunos estão lendo por escolha própria.

Estão lendo *Harry Potter*? Leia também!

Estão lendo *O Código da Vinci*? Leia também!

Estão lendo *Crepúsculo*? Leia também!

Estão lendo *As Crônicas de Nárnia*? Leia também!

Tente entrar no universo deles, tente descobrir que tipo de motivação os leva a criar essas "modas".

Há algo nessas escolhas espontâneas que muito nos pode ensinar para que consigamos nos aproximar deles.

Arregace as mangas e faça a montanha ir até Maomé!

AGRADECIMENTOS

Algumas pessoas resmungam por que as rosas têm espinhos. Eu sou grato pelo fato de os espinhos terem rosas.

Alphonse Karr (1808-1890)

Além de reiterar os agradecimentos já manifestados nos volumes anteriores, queria citar algumas pessoas em relação às quais me sinto em dívida pelo sucesso que esta trilogia está tendo.

Quero agradecer ao Júlio, ao Caio, ao Giroletti, ao Arthur e a toda a turma de Ouro Preto por terem acreditado em minhas ideias.

Agradeço também à Gita, essa maravilhosa e genial dama da educação; ao Arruda, ao Caldini, ao Armênio e a tantos outros colegas de trabalho com quem tanto aprendi.

Ao pessoal de Santos, que me deu oportunidade de crescer intelectualmente, oferecendo-me a liberdade de ensinar aquilo de que eu gosto, e não o que um rígido programa impõe. Obrigado, entre outros, ao Jadir.

Um agradecimento especial ao prof. Hildebrando, que me fez perceber que esta coleção (principalmente o volume 1) poderia ser útil para alunos de cursos universitários (neste caso, Ciências Contábeis).

Um muito obrigado especial para o Tarcísio e para o pessoal da rádio, que me aguentaram durante tanto tempo.

Outro muito obrigado ao pessoal da Mensa, que suportou durante tanto tempo um presidente absolutamente paralisado pela necessidade de escrever este volume.

Obrigado, também, a meus amigos da Frota Estelar, pelos momentos divertidos que passamos juntos.

Quero agradecer à equipe da Editora Aleph pela paciência e pelo incentivo e, em particular, ao meu filho Adriano (sem esquecer os outros, é óbvio), pelo orgulho que me faz sentir por ele.

Um muito obrigado muito carinhoso e com muito amor à Nádya, um monumento de paciência e compreensão (e uma censora implacável!).

Finalmente um obrigado gigantesco a todos os leitores dos volumes anteriores que se deram o trabalho de me enviar e-mails que tanto me incentivaram, e a todos os que assistiram às minhas palestras e me animaram a continuar com seus aplausos.

Coleção Neuroaprendizagem

Durante muito tempo, acreditou-se que a inteligência fosse uma característica inata. O fator genético era considerado bem mais influente do que o fator ambiental. Porém, ficou demonstrado que inteligência, talento e vocação são características que podem ser adquiridas. Neste best-seller, dedicado aos estudantes de todas as idades, o professor Pier ensina o leitor a aprimorar a inteligência e aplicá-la em diversas áreas do conhecimento.

As mais recentes descobertas das neurociências mostram que a inteligência pode ser aprendida, e que esse fato não se dá durante as aulas, mas no momento do estudo individual, extraescolar. Por isso o papel da família torna-se crucial, e este livro busca orientar os pais nesta jornada.

Para quem já terminou o ciclo básico e quer prestar um concurso vestibular, ou para quem já concluiu a graduação e quer iniciar uma carreira prestando um concurso público, o prof. Pier preparou uma série de conselhos, técnicas e métodos para o candidato estudar de forma eficiente com máximo rendimento.

TIPOLOGIA:	Univers LT Std [texto]
	Antique Olive Std [títulos]
PAPEL:	Luxcream 70g/m² [miolo]
	Ningbo Fold 250 g/m² [capa]
IMPRESSÃO:	Gráfica Paym [março de 2022]
1ª EDIÇÃO:	julho de 2009
2ª EDIÇÃO:	dezembro de 2014 [6 reimpressões]